COLECCIÓN
LECTURAS CLÁSICAS GRADUADAS

El casamiento engañoso
y
El coloquio de los perros

*Miguel
de Cervantes*

Nivel III

GRUPO DIDASCALIA, S.A.
Plaza Ciudad de Salta, 3 - 28043 MADRID - (ESPAÑA)
TEL.: (1) 416 55 11 - FAX: (1) 416 54 11

Director de la colección:
A. *González Hermoso*

***

Adaptador de **El casamiento engañoso y El coloquio de los perros**:
C. *Romero Dueñas*

***

La versión adaptada sigue la edición de *Novela de El casamiento engañoso y El coloquio de los perros* (Novelas Ejemplares III), de Miguel de Cervantes, Editorial Castalia, S. A., 1987. Madrid

Dirección y coordinación editorial:
Pilar Jiménez Gazapo
Adjunta dirección y coordinación editorial:
Ana Calle Fernández

Diseño de cubierta, maquetación:
Departamento de imagen EDELSA
Fotocomposición: Fotocomposición Crisol, S.A.
Fotografía portada: J. R. Brotons
Filmación: Alef de Bronce
Imprenta: Gráficas Movimar

© 1995, EDITORIAL EDELSA grupo Didascalia, S. A.

I.S.B.N.: 84-7711-095-6
I.S.B.N. (de la colección): 84-7711-103-0
Depósito legal: M-8102-1995
Impreso en España

Reservados todos los derechos. De conformidad con lo dispuesto en el Art. 534-bis a) y siguientes del Código Penal vigente, podrán ser castigados con penas de multa y privación de libertad quienes reprodujeren o plagiaren, en todo o en parte, una obra literaria, artística o científica, fijada en cualquier tipo de soporte, sin preceptiva autorización.

Lecturas clásicas graduadas

Desde los primeros momentos del aprendizaje del español, el estudiante extranjero se siente atraído por los grandes nombres de la literatura en español, pero, evidentemente, no puede leer sus obras en versión original.

De ahí el objetivo de esta colección de adaptar grandes obras de la literatura en lengua española a los diferentes niveles del aprendizaje: elemental, intermedio, avanzado.

En todos los títulos hay:

- Una breve **presentación** de la vida y obra del autor.

- Una **adaptación** de la obra con las características siguientes:
    - mantener los elementos importantes de la narración y la acción;
    - conservar todo lo más posible las palabras y construcciones del autor según el nivel (I, II, III) de la adaptación;
    - sustituir construcciones sintácticas y términos léxicos que sean difíciles o de poco uso en la actualidad.

- Una **selección** de partes significativas de la obra en su **versión original**. El lector, una vez leída la adaptación, puede seguir así los momentos principales del relato.

- La **lista de palabras** de la obra adaptada, agrupando en la misma entrada a las de la misma familia léxica e incluyendo las que se encuentran en nota. El lector puede elaborar así su propio diccionario.

- Una **guía de comprensión lectora** que ayuda a elaborar la **ficha resumen** de la lectura del libro.

Y en algunos títulos hay:

- Una casete audio que permite trabajar la comprensión oral.

- Una casete vídeo en versión original que complementa la lectura.

La colección de **Lecturas clásicas graduadas** pretende que el lector disfrute con ellas y que de ahí pase a la obra literaria íntegra y original.

Miguel de Cervantes
El casamiento engañoso y El coloquio de los perros

Cervantes

Vida

Escritor español nacido en 1547 en Alcalá de Henares (Comunidad de Madrid).

Pasó la niñez de ciudad en ciudad, con su familia, huyendo de las deudas, aunque parece ser que estudió en los jesuitas de Córdoba o Sevilla.

Fue soldado y combatió en la batalla de Lepanto (1571), donde resultó herido y quedó inútil del brazo izquierdo. Por su valor y buen comportamiento consiguió cartas para ser nombrado capitán a su vuelta a España, pero los piratas argelinos lo apresaron en 1575 y fue rescatado cinco años más tarde.

Al llegar a Madrid intentó conseguir algún cargo militar, y al no lograr nada importante trató de vivir de sus escritos, pero no tuvo éxito.

Se casó en 1584 con doña Catalina de Salazar, 19 años más joven que él, pero el matrimonio fracasó.

A la muerte de su padre se hizo cargo de toda la familia, y en 1587 consigue ser nombrado comisario encargado de comprar y requisar provisiones para la Armada conocida después como la *Invencible*.

Se vio en frecuentes dificultades económicas y fue encarcelado varias veces.

En contrapartida a sus desgracias se publicó en 1605 la que es obra cumbre de la literatura española: *Don Quijote de la Mancha*, novela que obtuvo un gran éxito; se multiplicaron las ediciones y dio la fama a su autor.

A partir de entonces, Cervantes se instaló en Madrid, donde frecuentó las academias y círculos literarios de la capital. Algunos nobles y cardenales importantes le ayudaron económicamente y al final de su vida pudo adquirir cierta estabilidad.

Murió en Madrid en 1616, aunque se desconoce con exactitud el lugar donde está enterrado.

Obra
-dramática y en verso

Cervantes empezó a escribir estando cautivo en Argel, donde compuso obras de teatro para divertir a sus compañeros presos. A su regreso a España escribió cierto número de piezas teatrales, de las que sólo nos han llegado dos, *Numancia* y *El trato de Argel*.

Miguel de Cervantes
El casamiento engañoso y El coloquio de los perros

La primera de ellas es la mejor tragedia del teatro español. Durante toda su vida continuó publicando poesía; casi todos sus poemas son elogios de libros de otros autores (como el titulado *Viaje al Parnaso*) o están incluidos en sus obras en prosa. Él se sentía orgulloso de ser poeta, pero la mayoría de sus poemas son mediocres.

-en prosa

La Galatea
El ingenioso hidalgo don Quijote de la Mancha
Ocho comedias y ocho entremeses nuevos
Los trabajos de Persiles y Segismunda
Novelas ejemplares

En 1613 Cervantes publica una obra compuesta por doce relatos cortos, algunos de ellos escritos años antes, que titula *Novelas ejemplares*. Probablemente este libro hubiera bastado para otorgarle un puesto de honor en la literatura española.

Todas las novelas se refieren en cierto modo al bien y al mal, la mayoría de ellas al amor, o por lo menos a las relaciones sexuales. Cervantes quería divertir y enseñar a la vez, por eso las califica de ejemplares, porque muestran ejemplos que evitar o imitar, aunque no todas ellas son modelo de moral.

La presente adaptación: ***El casamiento engañoso y El coloquio de los perros***

Estas dos novelas ejemplares son las que cierran la colección y además funcionan como una sola unidad. Aunque son dos obras distintas, comparten el mismo tema: engaño y desengaño. En la primera el protagonista le explica a un viejo amigo cómo quiso engañar a una mujer y acabó siendo engañado. El único fruto que consiguió fue una enfermedad que tuvo que curarse en el hospital.

La segunda novela es la conversación imaginaria entre dos perros escrita por el mismo protagonista mientras estaba en el hospital. *El coloquio de los perros* es una genial mentira que contiene verdades profundas y una crítica a los vicios sociales, que Cervantes tan bien conocía por haber sido víctima de ellos.

Miguel de Cervantes
El casamiento engañoso y *El coloquio de los perros*

Obra
Adaptada

LECTURAS CLÁSICAS GRADUADAS

Miguel de Cervantes

El casamiento engañoso

[1] *convaleciente:* que sale de una enfermedad y aún no está curado.

[2] *alférez:* soldado de mayor nivel.

[3] *licenciado:* persona que ha estudiado en la Universidad.

[4] *replicar:* decir.

[5] *arrepentirse:* sentir pena por haber hecho algo.

Un soldado salía, todavía convaleciente[1], del Hospital de la Resurrección, que está en Valladolid. Al llegar a la ciudad se encontró con un amigo, a quien no veía desde hacía más de seis meses. Éste se acercó a él y le dijo:

-¿Qué es esto, señor alférez[2] Campuzano? ¿Por qué está usted tan delgado y con tan mal aspecto?

Campuzano respondió:

-Acabo de salir del hospital, señor licenciado[3] Peralta, de curarme una enfermedad que me pasó mi mujer.

-¿Es que se ha casado usted? -replicó[4] Peralta.

-Sí, señor -respondió Campuzano-, aunque me arrepiento[5] de ello. Sin embargo, hoy no estoy muy bien

LECTURAS CLÁSICAS GRADUADAS

Miguel de Cervantes
El casamiento engañoso

de salud y no quiero hablar en la calle. Otro día con más comodidad le explicaré lo que me ha pasado.

-Eso no -dijo el licenciado-, venga conmigo a mi posada[6] y allí comeremos juntos, porque los enfermos necesitan alimentarse. Además puede venir no sólo hoy, sino también todas las veces que usted quiera.

El soldado se lo agradeció y aceptó el convite[7]. Fueron primero a oír misa a la iglesia de San Llorente y después Peralta lo llevó a su casa. Al acabar de comer, quiso oír lo que le había pasado a Campuzano. Éste comenzó a hablar de esta manera:

-Un día estaba yo con el capitán Pedro de Herrera en nuestra posada y vimos entrar a dos mujeres acompañadas por sus criadas[8]; una de ellas se puso a hablar con el capitán y la otra se sentó en una silla junto a mí. Tenía parte de la cara tapada con un manto[9] y le pedí que se lo quitase, pero no quiso; esto aumentó más mi deseo de verla. Sólo me enseñó una blanca mano con muy buenas sortijas[10]. Yo también estaba entonces muy elegante, con una gran cadena, un sombrero de plumas y mi traje de colores de soldado. Le rogué[11] otra vez que se descubriese, pero ella respondió:

-No tenga prisa; dígale a un criado que me siga hasta mi casa y otro día me verá allí.

---

[6] *posada:* hotel y restaurante de la época.

[7] *convite:* invitación a comer.

[8] *criada:* persona que ayuda a otra en los trabajos de una casa por dinero.
[9] *manto:* tela que se pone sobre la cabeza y los hombros.
[10] *sortija:* anillo.
[11] *rogar:* pedir.

V. O. nº 2 en pág. 62

Miguel de Cervantes
El casamiento engañoso

Le besé las manos y le prometí mucho oro. Ellas se fueron; las siguió un criado mío. Yo quedé enamorado de las manos blancas que había visto y con deseos de ver la cara de aquella dama.

[12] *guiar:* acompañar a alguien hasta un lugar para enseñarle el camino.

Por eso, otro día me guió[12] mi criado hasta su casa, que estaba muy bien puesta. Me recibió una mujer de unos treinta años, a quien conocí por las manos. No era demasiado hermosa, pero tenía una voz muy suave y podía enamorar con ella.

[13] *coloquio:* conversación.

Tuvimos largos coloquios[13] amorosos y aunque la visité cuatro veces, no conseguí nada. Durante esos días nunca vi parientes ni amigos en su casa, le servía sólo su criada.

[14] *doña:* señora.
[15] *pecadora:* mujer mala, que hace algo en contra de Dios.
[16] *heredar:* recibir dinero y otras cosas de valor de una persona muerta, generalmente al morir ésta.
[17] *escudo:* moneda de la época.
[18] *marido:* hombre casado con respecto a su mujer.
[19] *servir:* obedecer a alguien.

Finalmente, la pedí en matrimonio y doña[14] Estefanía de Caicedo (que éste era su nombre) me respondió: «Señor alférez Campuzano, yo no soy una mujer buena, he sido pecadora[15] y aún lo soy; no he heredado[16] ninguna fortuna de mis padres, pero esta casa vale dos mil quinientos escudos[17] y tengo otras cosas que podría vender para conseguir más dinero. Con ello quiero cambiar mi vida y busco marido[18] para servirle[19] y para que él me cuide. Si usted quiere, aquí me tiene».

[20] *ser un gran negocio:* ganar dinero con facilidad.

Casarme con aquella mujer podía ser un gran negocio[20] para mí -pensé con mala intención- y le dije

> [!note] Notas al margen
> ²¹ *joya:* objeto de valor, tesoro.
> ²² *ducado:* moneda de la época.

que yo era el adecuado porque tenía joyas[21] y otras cosas por valor de dos mil ducados[22]. Su dinero y el mío eran suficientes para llevar una vida alegre y sin trabajar.

> ²³ *esposa:* mujer casada.
> ²⁴ *baúl:* caja grande.
> ²⁵ *gasto:* uso del dinero.

Cuatro días después nos casamos. Vinieron al casamiento dos amigos míos y un joven que ella dijo ser su primo. Después me trasladé a casa de mi esposa[23]; llevé un baúl[24] con mis joyas y le di a ella todo el dinero que tenía para los gastos[25] de la casa.

> ²⁶ *siesta:* dormir después de la comida.

Durante seis días viví estupendamente, rodeado de lujos; desayunaba en la cama, me levantaba a las once, comía a las doce y a las dos hacía la siesta[26]. En esos días, doña Estefanía fue muy buena esposa, cocinaba, planchaba y me hacía muy feliz, por eso mi mala intención del principio se cambió por buena.

Pero una mañana llamaron a la puerta con grandes golpes. La criada se asomó a la ventana y después se retiró diciendo:

-¡Oh, es ella! ¡Ha venido antes de lo esperado!

> ²⁷ *moza:* aquí y entonces, criada joven.

-¿Quién ha venido, moza[27]? -le pregunté.

-¿Quién? -respondió ella-. Es mi señora doña Clementa Bueso y con ella viene el señor don Lope Meléndez de Almendárez, y Hortigosa, su criada.

[28] *engaño:* mentira.

[29] *ofender:* decir algo malo de alguien; insultar.

[30] *raso:* tela suave y brillante, como la seda.
[31] *velo:* pieza de tela femenina que cubre la cara.
[32] *ricamente vestido:* elegante.

[33] *¡Jesús!:* ¡Oh!
[34] *milagro:* cosa o hecho sorprendente.

-¡Corre, moza, ábreles! -dijo doña Estefanía-. Y usted, señor, por mi amor, no se enfade ni hable aunque digan cosas malas de mí, porque todo es un engaño[28].

-¿Y quién puede ofenderle[29] delante de mí? Dígame: ¿quién es esta gente?

-Ahora no tengo tiempo de responderle -dijo doña Estefanía-, pero después lo sabrá todo.

En ese instante entró en la habitación doña Clementa Bueso; llevaba un vestido y una capa de raso[30] verde y oro, un sombrero de plumas verdes, blancas y rojas, rodeado por una cinta igualmente de oro y un velo[31] que le cubría la mitad de la cara. Entró con ella el señor don Lope Meléndez de Almendárez, también ricamente vestido[32]. La primera en hablar fue la criada Hortigosa, diciendo:

-¡Jesús![33] ¿Qué es esto? ¿Un hombre en la cama de mi señora doña Clementa? ¡Hoy veo milagros[34] en esta casa! ¡La señora Estefanía ha traicionado la amistad de mi señora!

-Yo soy la culpable -replicó doña Clementa-. He elegido una amiga que no sabe serlo.

A esto respondió doña Estefanía:

-No se enfade, mi señora doña Clementa Bueso, esto que ocurre en su casa tiene una explicación. Después lo sabrá y quedará tranquila.

[35] *engañar:* decir una mentira.
[36] *dote:* dinero y cosas de valor que da la mujer al marido en el casamiento.

Mientras tanto yo ya me había puesto la ropa interior y doña Estefanía me llevó de la mano a otra habitación. Allí me dijo que su amiga quería engañar[35] al señor que la acompañaba. Doña Clementa le había dicho a don Lope que aquella casa era de ella y que pensaba dársela como dote[36] después de casarse con él.

[37] *honrado:* bueno.

-Luego me devolverá la casa y no es malo que ella o ninguna otra mujer busque marido honrado[37] aunque utilice un engaño.

Doña Estefanía me dijo, además, que la mentira duraría sólo ocho días y durante ese tiempo viviríamos en casa de otra amiga suya. Yo, aunque no lo entendía ni estaba de acuerdo, acepté.

Nos acabamos de vestir ella y yo. Después entró a despedirse de la señora doña Clementa Bueso y del señor don Lope Meléndez de Almendárez, mandó a mi criado coger el baúl y seguirla. Yo también la seguí, sin despedirme de nadie.

Llegamos a casa de su amiga y antes de entrar, doña Estefanía estuvo hablando con ella mucho rato. Después salió una moza y dijo que podíamos entrar yo y mi criado. Nos llevó a una habitación pequeña, donde había dos camas muy juntas.

Allí estuvimos casi una semana y todos los días yo me enfadaba y le decía a mi esposa que había hecho una tontería dejando la casa, porque quizás después no se la devolverían.

[38] *huéspeda:* entonces, persona que invitaba en su casa a otra.
[39] *riña:* enfado, hablar a gritos.
[40] *santiguarse:* hacer la señal de la cruz en la cara con la mano.

Pero una mañana doña Estefanía no estaba y nuestra huéspeda[38] me preguntó el motivo de las riñas[39] entre mi señora y yo. Le conté toda la historia y entonces ella, después de santiguarse[40] muy asustada, me dijo:

—¡Jesús! ¡Qué mala mujer! Señor alférez, todo es mentira. La verdad es que doña Clementa Bueso es la verdadera señora de la casa y doña Estefanía no tiene casa ni dinero. Mientras doña Clementa estaba de viaje, le dejó la casa a doña Estefanía para cuidar de ella, porque, en efecto, son buenas amigas.

[41] *desesperarse:* generalmente, perder el control de uno mismo.
[42] *capa y espada:* complementos de un soldado de la época.
[43] *castigar:* hacer pagar a alguien un error o delito.

Terminó de hablar y yo empecé a desesperarme[41]; cogí mi capa y mi espada[42] y salí a buscar a doña Estefanía para castigarla[43], pero no la encontré en casa de doña Clementa ni en ningún otro sitio. Fui a la iglesia de San Llorente para tranquilizarme un poco y allí me quedé dormido.

Después volví a casa de mi huéspeda, y ella me dijo que le había contado todo a mi mujer y que esta se había ido asustada. Además, antes de marcharse, me había robado todas las cosas de valor que tenía en mi baúl y no me dejó nada, solamente un traje.

-Eso sí es muy grave -dijo entonces el licenciado Peralta-, se llevó todas las joyas.

-No estoy triste por ese robo -respondió el alférez-, yo también la engañé.

-¿Por qué dice eso? -preguntó Peralta.

-Porque todas aquellas cadenas y sortijas no valían nada -respondió el alférez.

-No es posible -replicó el licenciado-, la cadena que tenía usted en el cuello parecía valer mucho.

-Sí -respondió el alférez-, pero no es oro todo lo que reluce[44]. Las joyas estaban bien hechas, pero no eran buenas.

-Entonces -dijo el licenciado- los dos se engañaron.

-Así es -respondió el alférez- pero el daño está, señor licenciado, en que doña Estefanía podrá tirar mis cadenas, pero yo no podré olvidarla a ella; al fin y al cabo es mi mujer.

-Dé gracias a Dios, señor Campuzano -dijo Peralta-, que se ha ido y no está obligado a buscarla.

[44] *no es oro todo lo que reluce:* refrán o expresión que significa que algunas cosas no son lo que parecen.

-Ya lo sé -respondió el alférez-, y no la busco, pero siempre la tengo presente en la imaginación.

[45] *Petrarca:* poeta italiano del siglo XIV.
[46] *quejarse:* sentir dolor y decirlo a alguien.

-No sé qué responderle -dijo Peralta-, pero puedo recordarle unos versos de Petrarca[45] que dicen: «la persona que engaña a otra no debe quejarse[46] cuando la engañan a ella».

-Yo no me quejo -respondió el alférez-, sé que hice mal, pero no puedo evitar sentirme ofendido. Finalmente, para terminar la historia le diré que doña Estefanía se fue con aquel primo que vino el día del casamiento, y que era su amante. No quise buscarla. Cambié de posada y días después empecé a enfermar; tuve que entrar en el Hospital de la Resurrección para curarme.

[47] *admirarse:* tener una sorpresa.

El licenciado Peralta se admiró[47] mucho de las cosas oídas.

[48] *suceso:* hecho que puede ser interesante.
[49] *desgracias:* hechos malos, que hacen daño.

-Entonces -dijo el alférez- se admirará más de otros sucesos[48] que no tienen explicación natural; estoy contento de mis desgracias[49] porque gracias a ellas pude ver en el hospital unas cosas que ni usted ni ninguna persona en el mundo podrá creer.

Las palabras del alférez aumentaban el deseo de Peralta por saber esas cosas y le dijo que quería escucharlas en seguida.

LECTURAS CLÁSICAS GRADUADAS

[50] *limosna:* dinero que se da a los pobres.

[51] *linterna:* objeto pequeño que da luz.

[52] *disparate:* cosa absurda, tontería.

[53] *el Señor:* Dios.
[54] *sabio:* listo, inteligente.
[55] *jurar:* asegurar, prometer.

-Usted ya ha visto -dijo el alférez- dos perros que van por la noche con los hermanos de la Capacha, cuando piden limosna[50].

-Sí he visto -respondió Peralta.

-También ha visto u oído usted -dijo el alférez- que van con linternas[51] y alumbran la calle para encontrar las monedas que les tiran desde las ventanas.

-Sí -dijo Peralta- pero esas cosas no me sorprenden.

-Pues escuche esto: una noche yo oí hablar a estos dos perros, llamados Cipión y Berganza.

Al decir esto Campuzano, el licenciado se levantó y dijo:

-Váyase usted, señor Campuzano. Hasta aquí dudaba si creer o no la historia de doña Estefanía, pero las cosas que ahora me cuenta hacen que ya no le crea nada más. Por favor, señor alférez, no explique estos disparates[52] a nadie.

-Los animales no hablan, ya lo sé -replicó Campuzano- pero el Señor[53] hizo un milagro aquella noche y yo oí conversar a dos perros sobre cosas muy importantes, por eso al día siguiente lo escribí todo. Sólo hombres sabios[54] pueden hablar de esta manera, así pues yo no lo he podido inventar. Sería capaz de jurarlo[55].

[56] *ingenio:* inteligencia.

—Como usted no se cansa de decirme que oyó hablar a los perros —replicó el licenciado— déjeme ver ese coloquio. Está escrito con su ingenio[56], eso es ya es suficiente para creer que es bueno.

[57] *despreciar:* valorar poco algo.

—Tiene que saber otra cosa —dijo el alférez—. Les oí hablar durante dos noches seguidas, pero sólo escribí la conversación de una. La primera noche Berganza explicó su vida, y la del compañero Cipión la escribiré más adelante, si veo que ésta se cree o, al menos, no se desprecia[57].

[58] *título:* palabras que dan nombre a un escrito.

En ese momento sacó el libro y se lo dio al licenciado. Éste lo cogió riéndose, lo abrió y vio escrito este título[58]:

Miguel de Cervantes

El coloquio de los perros

[59] *disfrutar:* sentir alegría haciendo algo.

[60] *sobrenatural:* increíble, que no es normal o natural.

[61] *instinto:* capacidad natural.

CIPIÓN.- Berganza, amigo, acompáñame y aquí en soledad podremos disfrutar[59] sin ser oídos de este regalo del cielo.

BERGANZA.- Cipión, hermano, te oigo hablar y sé que yo también hablo y no puedo creerlo. El hablar nosotros me parece una cosa sobrenatural[60].

CIPIÓN.- Pues es verdad, Berganza, y además hablamos con sentido, por lo tanto el milagro es mayor.

BERGANZA.- Entiendo lo que dices, Cipión, y esto me admira. Durante mi vida he oído decir grandes cosas de nosotros, incluso algunos han dicho que nuestro instinto[61] es tan extraordinario que quizá hasta podemos pensar. Lo mismo han dicho del elefante, del caballo y del mono.

CIPIÓN.- Así es, pero nunca has visto ni oído decir jamás que haya hablado ninguno de ellos; por eso creo que este hablar nuestro es un milagro. Aunque da igual, no discutamos sobre el motivo de nuestro hablar y mejor hagamos uso de él toda la noche, porque no sabemos cuánto nos durará.

BERGANZA.- Yo siempre he querido hablar para decir cosas que guardaba en la memoria. Y ahora voy a darme prisa en decir lo que recuerde, aunque sea de manera desordenada, porque quizás después ya no hable nunca más.

CIPIÓN.- Entonces, Berganza amigo, cuéntame esta noche tu vida desde el principio y mañana por la noche te contaré la mía, si todavía hablamos. Es mejor explicar la vida propia que intentar saber la vida de los demás.

BERGANZA.- Siempre has sido un buen amigo para mí, Cipión, y ahora más que nunca, pues quieres explicarme tus cosas y saber las mías. Pero mira antes si nos oye alguien.

CIPIÓN.- Nadie, creo. Aquí cerca hay un soldado enfermo, pero estará durmiendo.

BERGANZA.- Entonces escucha, y si te canso me haces callar.

CIPIÓN.- Habla, yo te escucharé con placer.

Miguel de Cervantes
El coloquio de los perros

[62] *matadero:* lugar donde se matan animales para vender su carne.
[63] *amo:* aquí, dueño.
[64] *jifero:* matarife, persona que trabaja en el matadero matando los animales.
[65] *cachorro:* perro joven.
[66] *alano:* raza de perro de tamaño medio, de pelo corto y rojo.

BERGANZA.- Creo que nací en el matadero[62] de Sevilla, por eso mi primer amo[63] fue un jifero[64] llamado Nicolás el Romo, un joven bajo, fuerte y de muy mal genio como todos los jiferos. Este tal Nicolás me enseñaba a mí y a otros cachorros[65] alanos[66] a atacar a los toros para quitarles las orejas. Yo aprendí con mucha facilidad.

CIPIÓN.- No me sorprende, Berganza. Es fácil aprender a hacer el mal.

BERGANZA.- Las cosas que pasan en aquel matadero, Cipión hermano, son casi increíbles. Has de saber que los jiferos son gente muy mala y no tienen miedo al rey ni a su justicia; la mayoría viven con mujeres sin estar casados y se alimentan de lo que roban. Todas las mañanas, antes del amanecer, van al matadero muchas mujeres y niños para llenar de carne sus bolsas.

[67] *res:* animal. Normalmente se refiere a una vaca, un toro, una oveja o una cabra.
[68] *pelea:* batalla, lucha.

Los dueños de las reses[67] lo saben y no pueden evitarlo, porque estos jiferos matan a un hombre con la misma facilidad que a una vaca. Por cualquier cosa, y sin miedo, meten un cuchillo en el cuerpo de una persona, igual que en el de un toro. Todos los días hay peleas[68], con heridos o muertos.

CIPIÓN.- Si dedicas tanto tiempo a describir a todos tus amos, amigo Berganza, entonces necesitarás un año entero para acabar tu historia.

BERGANZA.- Intentaré no alargar mi cuento, pero no sé si podré hacerlo, porque tengo muchas ganas de hablar.

CIPIÓN.- Continúa.

[69] *cesta:* bolsa grande.

BERGANZA.- Digo, pues, que mi amo me enseñó a llevar una cesta[69] en la boca y me enseñó también la casa de su amiga para llevarle de madrugada la carne robada por él en el matadero.

[70] *fiarse:* creer que alguien hará lo que se espera.

Y un día que iba yo a llevársela, me llamaron desde una ventana. Levanté los ojos y vi a una mujer joven muy hermosa. Bajó hasta la puerta de la calle, y me volvió a llamar. Me acerqué y ella me quitó la cesta y me puso en su lugar un zapato viejo. Luego me dijo: «Ve y dile a Nicolás el Romo, tu amo, que no se fíe[70] de animales». Yo no quise quitarle la cesta por no poner mi boca sucia en aquellas manos limpias y blancas.

[71] *respetar:* tratar bien a alguien o algo.

CIPIÓN.- Hiciste muy bien, porque a la belleza hay que respetarla[71].

[72] *burla:* engaño.

BERGANZA.- Así lo hice yo; y así fui a ver a mi amo sin la cesta y con el zapato. Al vérmelo en la boca, se dio cuenta de la burla[72] y me tiró un cuchillo que casi me da, pero me aparté. Salí corriendo y me fui sin saber adónde.

Miguel de Cervantes
El coloquio de los perros

[73] *rebaño:* grupo de animales.
[74] *oficio:* trabajo.
[75] *ganado:* rebaño.
[76] *pastor:* persona que cuida el ganado.
[77] *perro de casta:* perro de buena raza.

Aquella noche dormí en el campo y al día siguiente me encontré con un rebaño[73] de ovejas. Al verlo me alegré mucho, porque es gran oficio[74] de perros cuidar ganado[75]. Había tres pastores[76] con las ovejas, y uno de ellos me vio y me llamó; yo me acerqué a él bajando la cabeza y moviendo la cola. Me tocó suavemente, me abrió la boca, me miró los dientes para saber mi edad y les dijo a los otros pastores que yo era un perro de casta[77].

En ese momento llegó el dueño del ganado sobre un caballo de color marrón y le preguntó al pastor:

-¿Qué perro es ese, que parece bueno?

-Puede usted creerlo -respondió el pastor-, yo lo he observado y es un gran perro. Ha llegado ahora y no sé de quién es.

[78] *collar:* objeto que se pone en el cuello.

-Entonces -respondió el señor-, ponle el collar[78] de Leoncillo, el perro que se murió, y dale de comer para que se quede en el rebaño.

[79] *puntas de acero:* clavos del collar para proteger el cuello.

Al decir esto se fue y el pastor me dio de comer muchas sopas de leche y después me puso un collar lleno de puntas de acero[79]. También me puso nombre, y me llamó Barcino.

Estaba contento con este segundo amo y con el nuevo oficio. Trabajaba bien cuidando el rebaño y sólo me alejaba de él para echar la siesta, a la sombra de algún árbol o a la orilla de algún río. Mientras descansaba me acordaba de muchas cosas, sobre todo de mis sucesos en el matadero, de la vida de mi amo y los demás jiferos; todos ellos cumplían los malos deseos de sus amigas.

Te podría hablar de muchas cosas que aprendí por la señora de mi amo, pero es mejor callar para que no te quejes de que cuento historias largas y no me llames murmurador[80].

[80] *murmurador:* persona que murmura, que habla mal de alguien que no está presente.

[81] *herir:* ofender, decir o hacer algo que hace daño.
[82] *discreto:* persona que no murmura nunca.

CIPIÓN.- Te dejaré que murmures si no hieres[81] a nadie; quiero decir que la murmuración no es buena si hace daño a una sola persona, aunque haga reír a muchas. Tu historia debe gustar sin murmurar y te consideraré un hombre discreto[82].

[83] *consejo:* opinión.
[84] *dama:* señora.

BERGANZA.- Seguiré tu consejo[83] y esperaré con gran deseo que me cuentes tu vida, porque sabrás enseñar y divertir a la vez. Pero siguiendo mi cuento, digo que en aquellas siestas pensaba que no debía de ser verdad lo que había oído contar de la vida de los pastores. La dama[34] de mi amo leía unos libros donde había pastores y pastoras que se pasaban toda la vida cantando y tocando instrumentos musicales. Pero es mejor no recordar esos libros, no son buenos.

CIPIÓN.- Hazme caso, Berganza, no murmures. Continúa.

BERGANZA.- Te lo agradezco, Cipión amigo; porque si no me avisas, no pararía hasta describirte un libro entero de estos que me tenían engañado. Pero algún día lo diré todo con mejores razonamientos[85] que ahora.

[85] *razonamiento:* idea y modo de expresarla.

CIPIÓN.- Berganza, tú eres un animal y no puedes pensar, y si ahora parece que lo haces, ya sabemos que es cosa sobrenatural y jamás vista.

BERGANZA.- Eso era así antes, pero ahora ya me acuerdo de algo que debía haberte dicho al principio de la conversación, y por eso no sólo no me sorprendo de lo que hablo, sino que me asusto de lo que dejo de hablar.

CIPIÓN.- ¿Y ahora no puedes decir eso de lo que te acuerdas?

BERGANZA.- Es una historia que me pasó con una gran hechicera[86].

[86] *hechicero, a:* quien hace el mal con poderes sobrenaturales.

CIPIÓN.- Cuéntamela antes de seguir con el resto de tu vida.

BERGANZA.- No lo haré hasta que llegue el momento. Ten paciencia, y escucha los sucesos por su orden, porque así te gustarán más.

CIPIÓN.- Sé breve, y cuenta lo que quieras y como quieras.

BERGANZA.- Digo, pues, que yo me encontraba bien con el oficio de guardar ganado, porque me ganaba el pan con mi trabajo. Por el día no hacía nada, pero por la noche no dormía por culpa de los lobos; en cuanto los pastores me decían «¡al lobo, Barcino!», yo iba el primero de todos los perros hacia el lugar donde me señalaban que estaba el lobo.

Corría los valles, buscaba por los montes y las selvas, saltaba barrancos[87], cruzaba caminos, pero por la mañana volvía al rebaño sin haber encontrado al lobo, cansado, y con los pies heridos por las ramas secas, y encontraba una oveja muerta o un carnero medio comido por el lobo.

Me desesperaba al ver que no servía de nada mi mucho cuidado[88] y mi rapidez. Venía el señor del ganado y salían los pastores a recibirlo con las pieles[89] de la res muerta; culpaba[90] a los pastores por descuidados y mandaba castigar a los perros por perezosos[91]. Así, un día me castigaron sin culpa y como mi cuidado y rapidez no servían para coger al lobo, decidí cambiar de actitud y no buscarlo lejos del rebaño, sino estarme junto a él: si el lobo venía allí, allí sería más fácil cogerlo.

---

[87] *barranco:* corte profundo del terreno.

[88] *cuidado:* atención que se pone para hacer bien una cosa.

[89] *piel:* parte externa del cuerpo.

[90] *culpar:* decir que alguien ha hecho algo malo.

[91] *perezoso:* que no tiene ganas de hacer su trabajo.

Un día a la semana nos decían que venía el lobo, y una noche oscurísima yo pude ver a los lobos. Me agaché detrás de una rama, pasaron adelante los perros, mis compañeros, y desde allí observé, y vi que dos pastores cogieron uno de los mejores carneros, y lo mataron, de manera que verdaderamente pareció por la mañana que había sido el lobo su asesino.

Me quedé sorprendido al ver que los pastores eran los lobos y que mataban el ganado los mismos que lo tenían que guardar. Después decían a su amo que el lobo era el culpable, le daban la piel y parte de la carne, y ellos se comían la mayor parte y la mejor. Volvía a reñirles el señor, y volvía también el castigo a los perros.

[92] *mudo:* que no habla.
[93] *mercader:* persona que trabaja vendiendo o comprando cosas.

No había lobos, pero cada vez quedaban menos reses; yo quería decir la verdad, pero estaba mudo[92]. Todo esto me entristecía. Así que decidí dejar aquel oficio, que parecía tan bueno, y escoger otro donde no me castigaran, aunque no ganase nada. Me volví a Sevilla y entré a servir a un mercader[93] muy rico.

CIPIÓN.- ¿Y cómo hiciste para encontrar amo? Porque, por lo visto, hoy en día es difícil para un hombre bueno encontrar señor a quien servir.

Miguel de Cervantes
El coloquio de los perros

[94] *humildad:* aquí, actitud de alguien que se cree inferior.
[95] *ladrar:* dar ladridos (sonidos) el perro.
[96] *a palos:* a la fuerza, con golpes.
[97] *apalear:* pegar con un palo.

BERGANZA.- Yo utilizaba la humildad[94] para entrar a servir en alguna casa. Primero observaba la casa para ver si era adecuada y luego me acercaba a la puerta. Cuando creía ver algún desconocido le ladraba[95] y cuando veía al señor bajaba la cabeza y, moviendo la cola, me iba a él, y con la lengua le limpiaba los zapatos. Si me echaban a palos[96], no me quejaba, y luego volvía contento con el que me apaleaba[97]. Así me quedaba en la casa. Servía bien, me querían luego bien, y nadie me despedía, si no me iba yo.

CIPIÓN.- Así encontraba yo también los amos, parece que nos leíamos los pensamientos.

[98] *atado:* cogido con una cuerda.
[99] *suelto:* libre.

BERGANZA.- Bien, pero ahora escucha lo que me sucedió después de dejar el ganado. Me volví a Sevilla, como dije, me acerqué a una gran casa de un mercader, hice eso que te he explicado y en seguida me quedé en ella. Me tenían atado[98] detrás de la puerta durante el día y suelto[99] por la noche. Servía con gran cuidado: ladraba a los extraños y no dormía de noche, vigilando mi casa y las demás.

[100] *las sobras:* parte de comida que no se quiere.

Estaba tan contento mi amo conmigo, que mandó darme pan, huesos y las sobras[100] de su mesa y de la cocina. Yo me mostraba muy agradecido y daba saltos de alegría cuando veía llegar a mi amo de fue-

Miguel de Cervantes
El coloquio de los perros

[101] *fábula:* cuento cuyos personajes son animales.
[102] *Isopo:* Esopo. Escritor de la antigua Grecia que escribía fábulas.
[103] *asno:* burro.
[104] *caricia:* gesto de pasar la mano suavemente por el cuerpo.
[105] *perrilla:* perra pequeña.
[106] *gracias:* aquí, cosas que hacen reír.

ra, por eso ordenó desatarme y dejarme suelto de día y de noche. Al verme suelto corrí hacia él y le rodeé, pero sin tocarle con las manos, porque me acordé de la fábula[101] de Isopo[102], en la que un asno[103] quiso hacer a su señor las mismas caricias[104] que le hacía una perrilla[105] suya y por eso le pegaron. Me parece que esta fábula nos quiere decir que las gracias[106] de algunos no están bien en otros.

CIPIÓN.- Basta. Sigue, Berganza, que ya estás entendido.

BERGANZA.- Este mercader, pues, tenía dos hijos, uno de doce y el otro de catorce años, los cuales estudiaban gramática en el estudio de la Compañía de Jesús[107]. Iban con criados que les llevaban los libros, como si fueran personas muy importantes.

[107] *Compañía de Jesús:* organización religiosa formada por frailes jesuitas.

[108] *costumbre:* cosa que se hace siempre.
[109] *título:* documento que califica a alguien de importante.

CIPIÓN.- Has de saber, Berganza, que es costumbre[108] de los mercaderes de Sevilla, y de otras ciudades, mostrar su riqueza en sus hijos, y los tratan como hijos de príncipes y hay algunos que les compran títulos[109].

[110] *patio:* lugar sin cubrir en el interior de una casa.

BERGANZA.- Un día los hijos de mi amo se dejaron un libro en el patio[110]; y como yo estaba enseñado a llevar la cesta del jifero mi amo, lo cogí y fui tras ellos. Mis amos, al verme venir con el libro en la boca, mandaron a un criado quitármelo, pero yo no quise soltarlo y entré en el aula con él, y esto causó risa a todos los estudiantes.

Me acerqué al mayor de mis amos y se lo di. Luego me quedé sentado a la puerta del aula, mirando fijamente al maestro. Me gustó ver el amor con que aquellos buenos maestros enseñaban educación y cultura a aquellos niños.

CIPIÓN.- Dices bien, Berganza, porque yo he oído decir que son los mejores como gobernadores del mundo y además también enseñan el camino del cielo.

BERGANZA.- Así es. Y siguiendo mi historia, digo que mis amos quisieron que les llevase siempre aquel libro y lo hice muy contento. Los estudiantes jugaban conmigo, lanzaban sus sombreros y yo se los devolvía a la mano con gran alegría, e incluso los más pequeños subían sobre mí. Me daban de comer lo que podían y les gustaba ver cómo rompía con los dientes las nueces o las avellanas. A veces vendían algún libro para darme de comer. Yo pasaba una vida de estudiante, sin hambre y sano.

Pero un día los maestros ordenaron a mis amos no llevarme más al estudio, porque los alumnos ocu-

> Miguel de Cervantes
> El coloquio de los perros

[111] *repasar:* aquí, estudiar.

paban sus ratos libres en divertirse conmigo y no en repasar[111] sus lecciones. Mis amos obedecieron y me llevaron a casa, al antiguo trabajo de guardar la puerta. Pero el señor no se acordó de que antes me dejaba suelto día y noche y volvieron a atarme detrás de la puerta.

[112] *ración:* cantidad de comida que se da a una persona o animal.

¡Ay, amigo Cipión, qué duro es pasar de un estado feliz a uno desgraciado! Digo, en fin, que volví a la ración[112] de comida y huesos que me echaba una vieja negra de la casa y algunos me los quitaban dos gatos que andaban sueltos.

[113] *zaguán:* parte cubierta a la entrada de una casa.

Mira, Cipión, al desgraciado las desgracias le buscan y le encuentran, aunque se esconda en los últimos rincones de la tierra. Lo digo porque aquella negra de la casa estaba enamorada de un negro, también esclavo de la casa, el cual dormía en el zaguán[113], al lado de donde yo estaba.

[114] *tapar la boca:* hacer callar.

Sólo se podían juntar por la noche y para ello habían robado las llaves o habían hecho una copia. Y así, la mayoría de las noches bajaba la negra, me tapaba la boca[114] con algún pedazo de carne o queso, abría al negro, y estaba con él un buen rato.

[115] *corresponder:* agradecer, devolver el favor.

Algunos días me hizo callar la negra con sus regalos, pero más adelante quise corresponder[115] con mi amo, pues comía su pan, como lo deben hacer los perros honrados y todos los que sirven.

[116] *estorbar:* molestar.

Así pues, viendo la mala actitud de los negros, decidí estorbarlo[116]. Bajaba la negra a estar con el negro, creyendo que sus trozos de carne, pan o queso me hacían callar. ¡Mucho pueden los regalos, Cipión!

[117] *probar:* dejar clara una verdad.

CIPIÓN.- Ya sé que pueden mucho y podría probarlo[117] con mil ejemplos, pero sería muy largo de contar. Tal vez lo diré si el cielo me da tiempo, lugar y habla para contarte mi vida.

BERGANZA.- Ojalá Dios te lo dé, y escucha. Al final, la negra me daba muy malos regalos y una noche muy oscura bajó como siempre y la ataqué sin ladrar, para no despertar a los de la casa. Le rompí la camisa y le mordí en la pierna. Esto la tuvo más de ocho días en la cama, diciendo a sus amos que tenía una enfermedad. Se curó, volvió otra noche,

[118] *arañar:* hacer daño con las uñas.

y yo volví a la pelea. Esta vez le arañé[118] todo el cuerpo.

Nuestras batallas eran en silencio, siempre salía yo vencedor, y la negra cada vez más enfadada. Por eso dejó de darme de comer, pero no pudo quitarme el ladrar.

[119] *esponja:* objeto blando usado para lavarse el cuerpo.
[120] *manteca:* grasa de los animales.

Un día, para matarme, la negra me trajo una esponja[119] frita con manteca[120], pero me di cuenta de la maldad, porque a quien la come se le hincha el estómago y no sale con vida. Como me pareció imposible evitar los engaños de la negra, decidí marcharme.

[121] *alguacil:* policía.
[122] *perro de ayuda:* perro enseñado para acompañar y defender a su amo.

Un día estaba suelto y me fui sin decir adiós a ninguno de la casa, y en seguida me encontré con un alguacil[121] que era gran amigo de Nicolás el Romo. En cuanto me vio, me reconoció y me llamó por mi nombre. También le reconocí yo y me acerqué a él con mis caricias de siempre. Me cogió del cuello y dijo a dos policías ayudantes suyos: «Éste es famoso perro de ayuda[122], que fue de un gran amigo mío, vamos a llevarlo a casa». Se alegraron los compañeros y dijeron que sería perro de ayuda para todos. Quisieron cogerme para llevarme, y mi amo dijo que no era necesario porque le conocía y le seguiría.

Fíjate, Cipión, cómo cambia la vida: ayer era estudiante, y hoy ayudante de policía.

[123] *exagerar:* hacer grande una cosa.

CIPIÓN.- Así es el mundo, pero no exageres[123], porque no hay gran diferencia entre ser mozo de un jifero o serlo de un alguacil.

[124] *escribano:* Hombre que escribía para la justicia las cosas que pasaban delante de él.

BERGANZA.- Tienes razón. Y has de saber que este alguacil era amigo de un escribano[124]; los dos tenían

[125] *hipócrita:* mentiroso.
[126] *anzuelo:* engaño para conseguir algo.
[127] *dama de la vida libre:* prostituta.

relación con dos mujeres, de bonitas caras, pero muy hipócritas[125] y malas. Éstas les servían de anzuelo[126] para pescar de esta forma: se vestían de damas de la vida libre[127], salían a buscar extranjeros y cuando uno se dejaba engañar, le decían al alguacil y al escribano a qué posada iban. Luego ellos entraban en la habitación y los detenían por estar juntos sin ser matrimonio; pero nunca los llevaban a la cárcel, porque los extranjeros siempre daban dinero.

[128] *delito:* algo hecho en contra de la ley.
[129] *reducir:* hacer más pequeña una cosa.
[130] *real:* moneda de la época.

Un día la Colindres, que así se llamaba la amiga del alguacil, pescó un extranjero gordo y sucio; avisó a su amigo de la posada donde irían a cenar y a dormir, y cuando estaban casi desnudos entramos el alguacil y el escribano, otros dos policías y yo. Los amantes se asustaron y el alguacil exageró el delito[128] y les mandó vestirse a toda prisa para llevarlos a la cárcel. El escribano sintió pena del extranjero y le redujo[129] el castigo a cien reales[130].

[131] *tocino:* grasa de cerdo.

El extranjero pidió sus pantalones, que había puesto en una silla, donde tenía el dinero para pagar su libertad, pero no los encontraron, porque yo me los había llevado a la calle. El motivo fue que al entrar en la habitación llegó hasta mi nariz un olor de tocino[131] que venía de esos pantalones. Encontré en ellos un trozo de jamón y para comérmelo más tranquilamente saqué los pantalones a la calle. Cuando volví a la habitación estaba el extranjero pidiendo sus pantalones a gritos, en lenguaje feo y vulgar, aunque se entendía.

El escribano y el alguacil pensaron que la Colindres o los policías los habían robado. Al ver lo que pasaba, volví a la calle para devolver los pantalones, pues a mí no me servía el dinero, pero no los encontré, porque alguien se los habría llevado. Como el alguacil vio que el extranjero no tenía dinero se enfadó mucho, y pensó sacárselo[132] a la huéspeda de la casa; la llamó y vino medio desnuda. El alguacil la mandó vestirse e irse con él a la cárcel, porque dejaba que en su casa hubiera hombres y mujeres de mal vivir.

Entonces aumentaron las voces y creció la confusión, porque la huéspeda dijo: «Señor alguacil y señor escribano, a mí no me engañen; cállense y váyanse, o le digo la verdad a todo el mundo. Bien conozco a la señora Colindres y sé que el señor alguacil está de acuerdo con ella. Así que devuelvan a este señor su dinero y quedemos todos en paz».

Todo era confusión y gritos cuando entró en la habitación el teniente[133], que había venido por casualidad a visitar aquella posada y había oído las voces. Preguntó el motivo de aquella riña y la

[132] *sacar:* conseguir.

[133] *teniente:* aquí y entonces, sustituto del alcalde.

huéspeda dijo quién era la Colindres y le explicó su amistad con el alguacil y su manera de engañar y robar. Dijo que ella era una buena mujer y si tenía aquel oficio de casa de camas era porque no podía hacer otra cosa.

El teniente, enfadado de su mucho hablar, le dijo: «Vístase hermana, que tiene que venir a la cárcel». Entonces ella se tiró al suelo, se arañó la cara, gritó, pero el teniente los llevó a todos a la cárcel: al extranjero, a la Colindres y a la huéspeda.

[134] *condena:* castigo.
[135] *marinero:* hombre que trabaja en un barco.

Después supe que el extranjero perdió su dinero, más diez escudos de condena[134], la huéspeda pagó lo mismo y la Colindres salió libre. Y el mismo día que la soltaron pescó a un marinero[135], que pagó por el extranjero con el mismo engaño. Mira, Cipión, cuántos problemas salieron por mi culpa.

CIPIÓN.- Di mejor por el ladrón de tu amo.

BERGANZA.- Pues escucha, que más adelante hizo peores cosas, aunque no me gusta hablar mal de alguaciles y escribanos.

CIPIÓN.- Sí, que hablar mal de uno no es decirlo de todos, porque hay muchos escribanos buenos y alguaciles que no son ladrones ni tienen las amigas de tu amo para sus engaños.

[136] *presumir:* mostrarse contento de sí mismo.

BERGANZA.- Además, mi amo presumía[136] de valiente. Un día peleó él solo contra seis famosos ladrones, y yo no pude hacer nada porque llevaba tapada la boca con una cuerda que me ponía mi amo por el día. Yo y todos cuantos le vieron nos quedamos admirados de su valentía.

[137] *corregidor:* alcalde.
[138] *vaina:* funda donde se guarda la espada.

Los encerró a los seis y luego enseñó al corregidor[137] de la ciudad tres vainas[138] como muestra de su acción. Se pasó todo el día paseando por las calles para oír a la gente decir: «Aquél es el valiente que se atrevió a pelear solo contra seis ladrones».

[139] *Triana:* famoso barrio de Sevilla, separado del resto de la ciudad por el río Guadalquivir.
[140] *compañía:* grupo de personas que hacen algo juntos.
[141] *brindar:* decir un deseo en el momento de beber, levantando el vaso.

Por la noche fuimos a Triana[139] y entramos en una casa donde estaban todos los ladrones de aquella mañana, sin capas ni espadas. Uno tenía una gran jarra de vino en una mano y en la otra una copa grande que ofrecía a toda la compañía[140]. Al ver a mi amo, todos se acercaron a él con los brazos abiertos y brindando[141]. Después cenaron y mientras tanto se contaron peleas, explicaron sus robos y hablaron de las damas con las que habían estado.

[142] *proteger:* ayudar.

Finalmente, entendí que el dueño de la casa protegía[142] a los ladrones y que la gran pelea de mi amo

[143] *ganar fama:* hacerse muy conocido.

por la mañana había sido un engaño y había pagado por ello y por la cena. Así se ganaba mi amo la fama[143] de ser valiente.

Pero ten paciencia, y escucha ahora un cuento que le sucedió. Dos ladrones robaron un caballo muy bueno; lo trajeron a Sevilla y para venderlo usaron un engaño muy inteligente. Se fueron a posadas diferentes y uno de ellos se fue a la policía y dijo que Pedro de Losada le debía cuatrocientos reales.

[144] *reconocer:* decir que sí.
[145] *deuda:* dinero que se debe.

El teniente mandó a mi amo y al escribano su amigo buscar al tal Losada para que devolviese el dinero o meterlo en la cárcel. El ladrón los llevó a la posada del otro y éste reconoció[144] la deuda[145] y quiso pagarla con su caballo. El ladrón puso el animal en venta y se lo compró mi amo por quinientos reales; cobró el ladrón la deuda falsa y se quedó mi amo con el caballo.

Los ladrones se fueron y a los dos días apareció mi amo muy elegante sobre el caballo. Le felicitaron por la buena compra diciendo que el animal valía más de lo que había pagado.

En esto, llegaron dos hombres muy bien vestidos y uno dijo: «¡Éste es Piedehierro, el caballo que me robaron hace pocos días!». Los cuatro criados que venían con él dijeron que era verdad. Mi amo no se lo creía, pero el dueño enseñó pruebas, y tuvo que devolverle el caballo. Casi todos se rieron de mi amo, porque los ladrones le habían engañado.

Sin embargo, su desgracia fue mayor; aquella noche le dijeron que había ladrones por un barrio de la ciudad. Fue mi amo con el corregidor y al pasar por un cruce de caminos vieron correr a un hombre. En ese momento el corregidor me dijo moviendo el collar: «¡Al ladrón, Gavilán!».

Yo, por hacer caso al señor corregidor, ataqué a mi propio amo y lo tiré al suelo, porque ya estaba cansado de sus maldades[146]. Me apartaron de él y los policías quisieron castigarme y matarme a palos, pero el corregidor dijo: «No le toquéis, porque el perro hizo lo que yo le mandé». Se entendió la mala intención y yo me fui sin despedirme de nadie.

Antes del amanecer llegué a Mairena[147], que está a cuatro leguas[148] de Sevilla. Tuve suerte y encontré una compañía de soldados que, según decían, se iban a embarcar[149] a Cartagena[150]. Estaban en ella cuatro ladrones de los amigos de mi amo y el tambor[151] había sido ayudante de policía y gran bromista. Me conocieron todos y todos me hablaron. Pero el tambor me dio más cariño que nadie y de-

---

[146] *maldades:* cosas malas.

[147] *Mairena:* pueblo de la provincia de Sevilla.
[148] *legua:* medida antigua de longitud que, en tierra, corresponde a 5.572 m.
[149] *embarcar:* subir a un barco.
[150] *Cartagena:* ciudad de la costa en la provincia de Murcia.
[151] *tambor:* persona que toca el tambor, instrumento musical que se usa golpeándolo con palos.

cidí quedarme con él y seguir a los soldados, porque el andar tierras y hablar con gentes diferentes hace a los hombres discretos.

CIPIÓN.- Eso es verdad, y por lo tanto me parece muy bien la decisión de irte con ellos.

BERGANZA.- El tambor, por mostrar sus gracias, me enseñó a bailar al sonido del tambor y otras cosas difíciles de aprender por un perro. En menos de quince días supe saltar, ponerme sobre dos patas y andar dando vueltas. Me puso el nombre de «perro sabio» y, antes de llegar a una posada, tocaba su tambor por todo el lugar diciendo a todas las personas que podían venir a ver las maravillosas gracias del perro sabio pagando ocho o cuatro maravedís[152], según era el pueblo grande o pequeño.

Todo el mundo iba a verme y todos salían admirados. Mi amo ganaba mucho dinero, por lo que los ladrones compañeros suyos tuvieron deseos de robarme y buscaban el momento adecuado; porque es muy cómodo ganar de comer sin trabajar, por eso hay tantos titiriteros[153] en España, tantos que enseñan retablos[154], tantos que venden coplas[155] y luego se emborrachan. Son gente inútil.

CIPIÓN.- Basta, Berganza; no murmures otra vez. Sigue, que se acaba la noche.

---

[152] *maravedí:* moneda de la época.

[153] *titiritero:* persona que hace espectáculos en la calle, con muñecos o dando saltos.
[154] *retablo:* aquí, lugar pequeño donde se hace teatro con muñecos.
[155] *copla:* poema o canción.

BERGANZA.- De acuerdo, y escucha. Unos días después llegamos a Montilla[156]. Alojaron a mi amo, porque él hizo lo posible para ello, en un hospital. Anunció la llegada del perro sabio tocando el tambor y en menos de una hora se llenó el patio de gente. Primero yo daba saltos por un aro; cuando él bajaba un palo que tenía en la mano, yo debía saltar y si lo tenía alto, yo debía estar quieto. Se volvió luego al pueblo y dijo en voz alta:

[156] *Montilla:* pueblo en la provincia de Córdoba.

-Este perro sabio sabe bailar y cantar, se bebe más de dos litros de vino y hace otras muchas cosas que podrán ver ustedes durante los días que esté aquí la compañía.

Luego se volvió a mí y me dijo:

-Vuelve a dar saltos, pero ahora ha de ser por la famosa hechicera que, según dicen, hubo en este lugar.

Al decir esto, la hospitalera[157], que era una vieja de más de setenta años, levantó la voz diciendo:

[157] *hospitalera:* mujer que cuida un hospital.

-¡Charlatán[158], engañador e hijo de puta[159], aquí no hay ninguna hechicera! Si lo dices por la Camacha, ella ya fue castigada por su pecado y está muerta; si lo dices por mí, burlón, ni soy hechicera ni lo he sido nunca. Y si he tenido fama de haberlo sido, aho-

[158] *charlatán:* que habla mucho.
[159] *hijo de puta:* insulto muy fuerte.

[160] *penitencia:* arrepentimiento.
[161] *hechizo:* cosa mala hecha por una hechicera.

ra llevo una vida de penitencia[160] por otros muchos pecados, pero no por los hechizos[161], que no hice. Así que sal del hospital o te haré salir yo.

[162] *alboroto:* mucho ruido.
[163] *bruja:* hechicera, mujer mala.
[164] *barbuda:* con barba.
[165] *corral:* lugar donde se guardan los animales.

Y empezó a dar gritos y a insultar a mi amo, y no dejó continuar la fiesta. No sintió pena mi amo por el alboroto[162] porque se quedó con el dinero, pero la gente se fue insultando a la vieja, llamándola hechicera, bruja[163] y barbuda[164]. A pesar de todo, nos quedamos en el hospital aquella noche. La vieja, al encontrarme solo en el corral[165], me dijo:

-¿Eres tú, hijo Montiel?

[166] *asco:* sensación desagradable.

Alcé la cabeza y la miré. Ella se me acercó con lágrimas en los ojos, me abrazó y casi me besa, pero me dio asco[166] y no quise.

CIPIÓN.- Hiciste bien, porque es un sufrimiento besar o dejarse besar por una vieja.

BERGANZA.- Esto que ahora te contaré te lo tenía que haber dicho al principio de mi cuento, y así habríamos entendido el motivo de nuestra habla. Porque la vieja me dijo:

-Hijo Montiel, sígueme y sabrás mi habitación, y ven esta noche a verme que yo te dejaré abierta la puerta. Tengo que decirte muchas cosas de tu vida.

Miguel de Cervantes
El coloquio de los perros

Bajé la cabeza diciendo que sí, y así se enteró que en verdad yo era el perro Montiel que buscaba, según me dijo después. Me quedé sorprendido, esperando la noche para saber aquel misterio.

Llegó el momento de verme con ella en su habitación, que era oscura, estrecha y baja, iluminada sólo por un candil[167]. La vieja se sentó sobre una caja junto a mí y sin decir nada me volvió a abrazar. Lo primero que me dijo fue:

[167] *candil:* objeto con aceite que sirve para dar luz con una pequeña llama.

«Yo había pedido al cielo que antes de morir quería volver a verte, hijo mío, y ahora ya puedo morir. Has de saber, hijo, que en esta ciudad vivió la hechicera más famosa del mundo, a quien llamaron la Camacha de Montilla; fue la mejor en su oficio. Decían que podía convertir a los hombres en animales, aunque yo esto nunca he podido comprobarlo. Pero en ti, hijo mío, veo que es verdad, porque eres una persona y te veo como un perro. Y me duele que ni yo ni tu madre, que fuimos discípulas[168] de la Camacha, nunca llegamos a saber tanto como ella, porque no quiso enseñarnos las cosas más importantes.

[168] *discípula:* alumna; persona que sigue la opinión o las enseñanzas de otra.

Tu madre, hijo, se llamó la Montiela, y fue la más famosa después de la Camacha. Yo me llamo la Cañizares, y no soy tan sabia como ninguna de las dos,

> [169] *untura:* crema.

aunque yo era la mejor haciendo las unturas[169] que las brujas nos ponemos en el cuerpo. Pero has de saber, hijo, que como he visto que la vida pasa muy deprisa, y se acaba, he dejado de ser hechicera, porque es malo, pero no he podido dejar de ser bruja.

> [170] *soberbio:* que se cree superior a los demás.
> [171] *humilde:* aquí, pobre.

Tu madre hizo lo mismo, hizo muchas cosas buenas en la vida, pero al final murió siendo bruja, y no murió de enfermedad, sino de dolor cuando supo que la Camacha, su maestra, al ver que sabía tanto como ella, se enfadó y convirtió a sus dos hijos en perros en el momento de nacer. Luego le dijo que ellos volverían a su estado normal "cuando viesen a una mano poderosa derrotar a los soberbios[170] y levantar a los humildes[171]".

Esto dijo la Camacha a tu madre en el momento de su muerte y yo lo aprendí de memoria para algún día poderlo decir a alguno de vosotros. Por eso, cada vez que veo perros de tu color los llamo con el nombre de tu madre para ver si responden.

Y esta tarde, como te vi hacer tantas cosas, y como te llaman el perro sabio, y también como levantaste la cabeza para mirarme cuando te llamé en el corral, he creído que tú eres hijo de la Montiela, y te he dado la noticia de sus sucesos y la manera como puedes volver a tu estado normal.

Lo que a mí me da pena es que pronto me moriré y no podré verlo. Muchas veces he querido preguntar al diablo cómo acabará vuestra historia, pero no me he atrevido, porque nunca responde con la verdad. Así que a este amo y señor no hay que preguntarle nada, porque con una verdad dice mil mentiras. Y sin embargo, vamos a verle muy lejos, a un gran campo, donde nos juntamos muchos brujos y brujas, y donde nos pasan cosas que no me atrevo a contarlas, porque son sucias y asquerosas.

Bruja soy y bruja y hechicera fue tu madre, no te lo niego. Pero siempre sintió gran pena por sus hijos, y nunca perdonó a la Camacha, ni siquiera en el momento de su muerte. Yo le cerré los ojos, y fui con ella hasta la sepultura. Allí la dejé para no verla más, aunque quizás la vea antes de morirme, porque se ha dicho por el lugar que algunas personas la han visto andar por los los cementerios y por los cruces de caminos.»

[172] *untarse:* ponerse untura en el cuerpo.
[173] *demonio:* diablo.

Las cosas que la vieja me decía sobre la que decía ser mi madre me dolían profundamente, y quería atacarla y morderla; y si no lo hice fue para que no muriese siendo pecadora. Finalmente, me dijo que aquella noche pensaba untarse[172] para ir a uno de sus convites, y allí preguntaría al demonio[173] lo que iba a sucederme. Yo quería saber cómo eran esas unturas y parece que me leyó el deseo, pues me dijo:

«Esta untura de las brujas está compuesta de hierbas, y no de sangre de niños, como piensa la gente. Es tan fría que nos quita todos los sentidos y quedamos desnudas en el suelo. Entonces nos parece convertirnos en gallos, lechuzas o cuervos y vamos al lugar donde nos espera el demonio, nuestro señor, y allí volvemos a nuestra forma normal y disfrutamos de unos placeres que no te cuento por no asustarte.

Me lo paso muy bien cuando me unto, y aunque ya tengo setenta y cinco años, aún puedo disfrutar un año más. Después sólo Dios sabe lo que será de mí, y basta. Y se acabó la conversación, porque me pongo triste. Ven, hijo, y me verás untar.»

Se levantó diciendo todo esto, cogió el candil y entró en otra habitación más pequeña; yo la seguí admirado de lo que había oído y de lo que iba a ver. Colgó la Cañizares el candil en la pared y se desnudó deprisa. Sacó una olla, metió en ella la mano y se untó desde los pies hasta la cabeza.

Antes de untarse del todo me pidió que esperara allí hasta la mañana porque me diría las noticias de lo que me pasaría hasta volver a ser hombre. Le dije que sí bajando la cabeza y se acostó en el suelo como una muerta. Acerqué mi boca a la suya y vi que no respiraba.

Miguel de Cervantes
El coloquio de los perros

[174] *esqueleto:* conjunto de huesos del cuerpo.
[175] *vejiga:* bolsa dentro del cuerpo que tiene la orina.
[176] *endemoniada:* aquí, desagradable.

Una verdad te diré, Cipión amigo: me dio miedo verme encerrado en aquella estrecha habitación con esa figura. Era muy larga, todo era esqueleto[174] de huesos, cubiertos por una piel negra y llena de pelo; la barriga le llegaba hasta la mitad de las piernas; las tetas parecían dos vejigas[175] de vaca secas y arrugadas; los labios negros, los dientes cerrados, la nariz curva y rota, los ojos salidos, la cabeza despeinada, las mejillas sin carne, la garganta estrecha y los pechos hundidos; finalmente toda era delgada y endemoniada[176].

Me puse a mirarla y me dio miedo. Quise morderla para ver si se despertaba, pero no encontré un lugar donde poner la boca, porque toda ella me daba asco. Aun así, la cogí de un pie y la saqué arrastrando al patio, pero no se despertó. Allí se me quitó el miedo y quise esperar para ver lo que me contaba sobre mis sucesos al despertar.

[177] *alfiler:* aguja con una bolita en un extremo.

Se pasó la noche y vino el día. Llegó la gente del hospital y viendo aquello unos decían: «Ya ha muerto la buena Cañizares». Otros dijeron: «Esta puta vieja es bruja y debe de estar untada». Algunos se acercaron a pincharle alfileres[177] en el cuerpo, pero no despertó hasta las siete del día. Y como vio que estaba llena de alfileres, los pies mordidos, herida por haber sido arrastrada, y rodeada por tanta gente, creyó, y creyó la verdad, que yo era el culpable de todo. Me cogió del cuello diciendo:

«¡Oh, ignorante, malo y desagradecido! ¿Así me devuelves el bien que hice a tu madre y que pensaba hacerte a ti?»

Yo me vi en peligro de perder la vida entre las uñas de aquella mala mujer y me la quité de encima. Luego la cogí por la larga barriga y la arrastré por el patio mientras ella daba voces pidiendo ayuda.

Algunos creyeron que yo debía de ser algún demonio y me echaron agua bendita[178]. La vieja gritaba, yo apretaba los dientes, crecía la confusión, y mi amo, que ya había llegado al ruido, se desesperaba oyendo decir que yo era demonio. Otros me pegaron con palos y yo solté a la vieja y salí a la calle.

En pocos días me fui de la ciudad, perseguido por muchos niños que iban diciendo a voces: «¡Apártense, que el perro tiene rabia[179]!» Otros decían: «¡Es el demonio con forma de perro!»

Después de andar durante seis horas llegué a un campamento de gitanos, que estaba junto a Granada. Algunos de ellos me conocieron por el perro sabio, me recibieron con mucha alegría y me escondieron

[178] *agua bendita:* agua sagrada.

[179] *rabia:* enfermedad propia de los perros.

en una cueva, por si me buscaban. Luego descubrí que su intención era ganar dinero conmigo como lo hacía el tambor mi amo. Veinte días estuve con ellos y conocí toda su vida y sus costumbres, que es necesario contarlas.

CIPIÓN.- Antes de que sigas, Berganza, es mejor que prestemos atención a las palabras de la bruja. Mira, Berganza, es una tontería creer que la Camacha volviese a los hombres en animales. Todas estas cosas son mentiras o engaños del demonio. Y si parece que nosotros ahora pensamos, pues somos perros y podemos hablar, ya hemos dicho que esto es un milagro nunca visto.

Y aquellas palabras que dijo la Camacha son sólo cuentos de viejas, porque si no ya estarían cumplidas: «Volverán a su estado normal cuando vean a una mano poderosa derrotar a los soberbios y levantar a los humildes». Creo que quiere decir que volveremos a nuestra forma normal cuando veamos que los que ayer tenían suerte y éxito hoy son desgraciados. Y asimismo, cuando veamos que otros que antes no tenían nada, ahora son felices.

Y esto ya lo hemos visto, y lo vemos cada día. Así que la Camacha se burló, y la Cañizares es una mentirosa, y la Montiela tonta, con perdón si es nuestra madre, aunque yo no la quiero como tal.

BERGANZA.- Digo que tienes razón, Cipión hermano, y por lo que has dicho pienso que todo lo que hemos pasado y estamos pasando es un sueño, y que somos perros. Pero no por eso dejemos de disfrutar de esta habla que tenemos, y así no te canses de oírme contar lo que me pasó con los gitanos.

[180] *de buena gana:* con gran deseo, con mucho gusto.

CIPIÓN.- De buena gana[180] te escucho, porque después tú escucharás los sucesos de mi vida, si el cielo me deja.

BERGANZA.- Durante aquel tiempo, pude ver la maldad de los gitanos, sus engaños, sus mentiras y sus robos. Todos los gitanos de España se conocen, y tiene un mismo rey, uno al que llaman Conde y al que dan parte de los robos más importantes. Se casan siempre entre ellos, para que no se conozcan sus malas costumbres. Sacan limosna con engaños, y no con amor religioso, porque nunca he visto a un gitano en una iglesia.

[181] *labrador:* campesino, hombre que trabaja la tierra.
[182] *rabo:* cola de los animales.

Sólo piensan en engañar y en robar. Y así un día un gitano contó a otros, delante de mí, un engaño y robo que una vez hizo a un labrador[181]. El gitano tenía un asno sin rabo[182] y le puso uno muy largo que parecía de verdad. Lo sacó al mercado y se lo compró un labrador por diez ducados, y después le dijo que tenía otro asno tan bueno como aquel. El labrador le respondió que también se lo compraría. Más tarde se fue a su posada a llevar el asno ya comprado, pero el gitano le siguió y se lo robó a escondidas.

[183] *postizo:* falso.
[184] *testigo:* persona que ha visto algo.

Después le quitó el rabo postizo[183] y fue a buscar al labrador para venderle el mismo asno. Éste se lo compró y fue a la posada para pagárselo, pero al ver que no estaba su asno, pensó que el gitano se lo había robado y no quiso pagarle. Fue el gitano a por testigos[184], y éstos juraron que el gitano había vendido al labrador un asno con un rabo muy largo y muy diferente del segundo. Como estaba presente un alguacil, el labrador tuvo que pagar el asno dos veces. Otros muchos robos contaron, porque son muy mala gente.

[185] *huerta:* jardín o lugar donde hay plantas para comer.
[186] *morisco:* árabe que se hacía cristiano para quedarse en España.

Como no me parecía bien la vida que llevaban, decidí escaparme y salí de Granada. Llegué a la huerta[185] de un morisco[186], que me recibió contento. Estuve con él más de un mes porque quería conocer la vida de los moriscos que viven en España. ¡Oh, cuántas cosas te podría decir, Cipión amigo, de estos malos moriscos!, pero seré breve y te contaré lo que vi en general.

V. O. nº 15 en pág. 70

Es difícil encontrar alguno que crea de verdad en la fe cristiana. Sólo se preocupan por guardar dinero y para ello trabajan y no comen, de modo que tienen la mayor cantidad de dinero que hay en España. No tienen criados, no gastan con sus hijos en los estudios, porque sólo quieren enseñarles a robarnos. Y como todos se casan y todos tienen hijos, van creciendo hasta el infinito.

CIPIÓN.- Se ha buscado solución para todos los daños que has dicho, y hasta ahora no se ha encontrado; pero con la ayuda de Dios daremos fin al problema de los moriscos.

[187] *mezquino:* que no le gusta dar ni gastar nada.

BERGANZA.- Mi amo era mezquino[187], y por eso me daba muy poco de comer. Pero me ayudó a llevar el hambre un joven estudiante que venía cada mañana a la huerta. Se dedicaba a escribir y de vez en cuando miraba al cielo y se daba golpes en la frente y se mordía las uñas. Otras veces se ponía tan pensativo que no movía ni pie ni mano, ni las pestañas. Todo esto me hizo entender que era poeta.

Una vez me acerqué a él, le hice las caricias de costumbre, me senté a sus pies y él siguió con sus pensamientos y volvió a rascarse la cabeza y a escribir lo que había pensado. Entonces entró en la huerta otro joven, guapo y bien vestido, que llegó donde estaba el otro y le dijo:

-¿Has acabado la primera parte?

-Ahora la he terminado -respondió el poeta- y es la mejor que puede imaginarse.

-¿Cómo es? -preguntó el segundo.

[188] *comedia:* obra de teatro.
[189] *comediante:* actor.
[190] *pasa:* uva seca.

Y el primero le explicó la comedia[188] que había escrito. Así entendí yo que uno era poeta y el otro comediante[189]. Éste se fue y el poeta, después de haber escrito un poco más de su magnífica comedia, sacó algunos trozos de pan y unas pocas pasas[190]; éstas se las comió todas, pero el pan estaba tan duro que me lo dio a mí. En fin, es muy grande la pobreza de los poetas, pero mayor era mi hambre, pues me comí lo que él no quería.

Mientras estuvo escribiendo su comedia no dejó de venir a la huerta y a mí no me faltaron trozos de pan duro. Pero un día no volvió más y pasaba tanta hambre que decidí dejar al morisco y entrar en la ciudad a buscar aventura. Al llegar vi que salía mi poeta del famoso monasterio de San Jerónimo[191]; se acercó a mí con los brazos abiertos y yo me fui a él muy contento por haberle encontrado. Luego me dio algunos trozos de pan menos duros que los de la huerta.

[191] *monasterio de San Jerónimo:* edificio religioso de la ciudad de Granada, famoso porque fue construido cuando los Reyes Católicos conquistaron la ciudad a los árabes.

Se dirigió hacia la ciudad y yo le seguí por tenerle de amo si él quería. Paramos en la casa de un autor[192] de comedias. Se juntó toda la compañía a oír la comedia de mi amo, y a mitad de la primera parte se fueron todos, excepto el autor y yo.

[192] *autor:* antiguamente era la persona que tenía el dinero en una compañía de teatro. Ahora es sinónimo de escritor.

La comedia era muy mala, y el pobre poeta se asustaba viendo que se quedaba solo. Luego volvieron los actores y, sin decir nada, cogieron a mi poeta y lo quisieron mantear[193], pero el autor lo impidió con ruegos y gritos. Yo me quedé asombrado, el autor molesto, los actores alegres y el poeta enfadado; éste cogió su comedia y se fue. Yo no lo seguí porque el autor me hizo tantas caricias que me quedé con él y en menos de un mes aprendí a ser actor.

Me enseñaron a atacar en el teatro a quien ellos querían, y como los entremeses[194] acaban generalmente a palos, yo empujaba y tiraba a todos al suelo, lo cual hacía reír al público y mi dueño ganaba mucho dinero.

Te podría contar, Cipión, muchas cosas que vi en esta y en otras dos compañías de comediantes en que estuve, pero como es muy largo de contar lo dejaré para otro día.

CIPIÓN.- Sí, es mejor que me lo cuentes en otro momento.

BERGANZA.- Sea así, y escucha. Con una compañía llegué a esta ciudad de Valladolid, donde en un entremés me hirieron de muerte; por eso me cansé de aquel oficio. Y una noche te vi llevar una linterna con el buen cristiano Mahudes, te vi contento y

[193] *mantear:* lanzar a una persona hacia arriba con una manta.

[194] *entremés:* obra de teatro corta y de risa que en aquella época se representaba en los descansos de una obra más larga.

con un oficio muy santo y quise seguir tus pasos. Me puse delante de Mahudes, que luego me eligió para tu compañero y me trajo a este hospital. Lo que me sucedió aquí también es importante contarlo.

CIPIÓN.- Termina, que me parece que no está lejos el día.

BERGANZA.- Digo que oí hablar a cuatro enfermos que están cerca de esta enfermería. Uno era un alquimista[195], otro un poeta, otro un matemático[196] y el cuarto un arbitrista[197].

CIPIÓN.- Ya me acuerdo de haberlos visto.

BERGANZA.- Digo, pues, que durante una siesta del verano pasado estaba yo debajo de la cama de uno de ellos. El poeta empezó a quejarse de su mala suerte porque hacía muchos años que tenía escrita una comedia y todavía no se conocía. Entonces el alquimista dijo que su desgracia era mayor porque aún no había conseguido sacar plata de otros metales. El matemático también se quejó de que hacía veintidós años que buscaba la solución a unos problemas matemáticos y no la encontraba.

En ese instante dijo el arbitrista que los oficios de sus compañeros enfermos no daban de comer y que sus ideas sí eran útiles y nadie les hacía caso. Expli-

---

[195] *alquimista:* persona que intenta sacar oro de otros metales.
[196] *matemático:* persona que se dedica a las matemáticas.
[197] *arbitrista:* persona que inventa ideas para solucionar problemas.

có la última idea que había pensado para solucionar las deudas del rey:

[198] *Cortes:* gobierno de un país.

—Las Cortes[198] tendrían que pedir a todos los habitantes varones de catorce a sesenta años que dejen de comer un día al mes y todo lo que se ahorre se le dará al rey. De esta manera en veinte años se habrán pagado todas las deudas.

Se rieron todos de la idea y el arbitrista también se rió de sus disparates y yo quedé admirado de ver cómo hombres divertidos venían a morir en los hospitales.

CIPIÓN.- Tienes razón, Berganza. Mira si te queda algo más que decir.

BERGANZA.- Sólo dos cosas, y ya acabo, que me parece que viene el día. Una noche fuimos a pedir limosna a casa del corregidor de esta ciudad, que es un señor muy educado y muy gran cristiano. Como estaba solo quise decirle cómo evitar que las malas mujeres pasen enfermedades a los hombres que están con ellas. Alcé la voz para decírselo, pensando que podía hablar, y me puse a ladrar con tanta prisa y en tono tan alto que el corregidor se enfadó y llamó a sus criados para que me echasen a palos. Y todavía me duelen aquellos golpes.

Miguel de Cervantes
El coloquio de los perros

CIPIÓN.- ¿Y te quejas de eso, Berganza?

BERGANZA.- ¿Cómo no me voy a quejar, si me castigaron por una buena intención?

CIPIÓN.- Mira, Berganza, nadie se ha de meter donde no le llaman. El consejo de un pobre nunca es escuchado o lo ven como una tontería.

BERGANZA.- Tienes razón, y de aquí en adelante seguiré tus consejos. Entré asimismo, otra noche, en casa de una señora importante que tenía en los brazos una perrilla muy pequeña, la cual al verme saltó al suelo y me atacó ladrando hasta que me mordió en una pierna. La miré con desprecio y pensé que hasta los cobardes[199] son valientes cuando están protegidos y se atreven a ofender a los que valen más que ellos.

[199] *cobarde:* que tiene miedo.

CIPIÓN.- Es verdad lo que dices, y con esto pongamos fin a nuestra conversación, que ya ha amanecido. Y esta noche que viene, si tenemos todavía habla, te contaré mi vida.

BERGANZA.- Sea así, y vuelve a este mismo sitio.

Al acabar de leer el *Coloquio* el licenciado, se despertó el alférez y el primero dijo:

—Aunque este coloquio sea mentira y nunca haya pasado, me parece que está muy bien hecho y el señor alférez puede escribir el segundo.

—Con esta opinión -respondió el alférez- me animaré a escribirlo y no discutiré más con usted si los perros hablaron o no.

A lo que dijo el licenciado:

—Señor alférez, no volvamos más a la disputa[200]. Me gusta mucho el *Coloquio* y basta. Vámonos al Espolón[201] a que el cuerpo disfrute, pues ya ha disfrutado la mente.

—Vamos -dijo el alférez.

Y con esto, se fueron.

[200] *disputa:* pelea, riña.
[201] *Espolón:* en algunas ciudades españolas, lugar al lado del río para pasear y ver el paisaje.

Miguel de Cervantes
El casamiento engañoso y El coloquio de los perros

V.O. Selección de partes significativas en su versión original

El casamiento engañoso

> **V. O. nº 1, de págs. 9-10**

Iba haciendo pinitos y dando traspiés, como convaleciente; y al entrar por la puerta de la ciudad, vio que hacia él venía un su amigo, a quien no había visto en más de seis meses; el cual, santiguándose, como si viera alguna mala visión, llegándose a él le dijo:
-¿Qué es esto, señor alférez Campuzano? [...] ¿Qué color, qué flaqueza es ésa?
A lo cual respondió Campuzano:
-[...] no tengo que decir sino que salgo de aquel hospital, de sudar catorce cargas de bubas que me echó a cuestas una mujer que escogí por mía, que non debiera.
-¿Luego casóse vuesa merced? -replicó Peralta.
-Sí, señor -respondió Campuzano.

***

> **V. O. nº 2, de pág. 10**

-Pues un día -prosiguió Campuzano- que acabábamos de comer en aquella Posada de la Solana, donde vivíamos, entraron dos mujeres de gentil parecer, con dos criadas; la una se puso a hablar con el Capitán en pie, arrimados a una ventana; y la otra se sentó en una silla junto a mí, derribado el manto hasta la barba, sin dejar ver el rostro más de aquello que concedía la raridad del manto [...]. Con todo esto, le rogué que se descubriese, a lo que ella me respondió:
-No seáis importuno; casa tengo; haced a un paje que me siga [...].

***

> **V. O. nº 3, de pág. 11**

En el tiempo que la visité siempre hallé la casa desembarazada, sin que viese visiones en ella de parientes fingidos ni de amigos verdaderos. Servíala una moza más taimada que simple. Finalmente, tratando mis amores como soldado que está en vísperas de mudar, apuré a mi señora doña Estefanía de Caicedo (que éste es el nombre de la que así me tiene), y respondióme: «Señor Alférez Campuzano, simplicidad sería si yo quisiera

V.O. *Selección de partes significativas en su versión original*

venderme a vuesa merced por santa. Pecadora he sido, y aun ahora lo soy [...]. Con esta hacienda busco marido a quien entregarme y a quien tener obediencia; a quien, juntamente con la enmienda de mi vida, le entregaré una increíble solicitud de regalarle y servirle.

***

V. O. nº 4, de págs. 11-12

Yo, que tenía entonces el juicio, no en la cabeza, sino en los carcañares, haciéndoseme el deleite en aquel punto mayor de lo que en la imaginación le pintaba y ofreciéndoseme tan a la vista la cantidad de hacienda, que ya la contemplaba en dineros convertida, sin hacer otros discursos de aquellos a que daba lugar el gusto, que me tenía echados grillos al entendimiento, le dije que yo era el venturoso y bien afortunado en haberme dado el cielo, casi por milagro, tal compañera, para hacerla señora de mi voluntad y de mi hacienda.

***

V. O. nº 5, de pág. 12

Pasáronse estos días volando, como se pasan los años, que están debajo de la jurisdicción del tiempo; en los cuales días, por verme tan regalado y tan bien servido, iba mudando en buena la mala intención con que aquel negocio había comenzado. Al cabo de los cuales, una mañana -que aún estaba con doña Estefanía en la cama- llamaron con grandes golpes a la puerta de la calle. Asomóse la moza a la ventana, y quitándose al momento dijo:
 -¡Oh, que sea ella la bienvenida! ¿Han visto y cómo ha venido más presto de lo que escribió el otro día?
 -¿Quién es la que ha venido, moza? -le pregunté.
 -¿Quién? -respondió ella-. Es mi señora doña Clementa Bueso, y viene con ella el señor don Lope Meléndez de Almendárez [...].

***

V. O. nº 6, de pág. 14

En esto, ya me había puesto yo en calzas y en jubón, y tomándome doña Estefanía por la mano me llevó a otro aposento, y allí me dijo que aquella su amiga quería hacer una burla a aquel don Lope que venía con

LECTURAS CLÁSICAS GRADUADAS

V.O. Selección de partes significativas en su versión original

ella, con quien pretendía casarse, y que la burla era darle a entender que aquella casa y cuanto estaba en ella era todo suyo, de lo cual pensaba hacerle carta de dote, y que hecho el casamiento se le daba poco que se descubriese el engaño, fiada en el grande amor que el don Lope le tenía.

***

V. O. nº 7, de págs. 14-15

Paró doña Estefanía en casa de una amiga suya, y antes de que entrásemos dentro, estuvo un buen espacio hablando con ella, al cabo del cual salió una moza y dijo que entrásemos yo y mi criado.

***

V. O. nº 8, de págs. 15-16

-Señor Alférez, no sé si voy contra mi conciencia en descubriros lo que me parece que también la cargaría si lo callase; pero, a Dios y a ventura, sea lo que fuere, ¡viva la verdad y muera la mentira! La verdad es que doña Clementa Bueso es la verdadera señora de la casa y de la hacienda de que os hicieron la dote; la mentira es todo cuanto os ha dicho doña Estefanía; que ni ella tiene casa, ni hacienda, ni otro vestido del que trae puesto. [...] díjome, finalmente, que doña Estefanía se había llevado cuanto en el baúl tenía, sin dejarme en él sino un solo vestido de camino.

***

V. O. nº 9, de pág. 17

No sé qué responderos -dijo Peralta-, si no es traeros a la memoria dos versos de Petrarca, que dicen:
    Ché, chi prende diletto di far frode;
    Non si de' lamentar s'altri lo 'nganna.
Que responden en nuestro castellano: «Que el que tiene costumbre y gusto de engañar a otro, no se debe quejar cuando es engañado».

***

V. O. nº 10, de págs. 17-18

Ofreciósele de nuevo el Licenciado, admirándose de las cosas que le había contado.

V.O. *Selección de partes significativas en su versión original*

-Pues de poco se maravilla vuesa merced, señor Peralta -dijo el Alférez-; que otros sucesos me quedan por decir, que exceden a toda imaginación, pues van fuera de todos los términos de la naturaleza; [...]

-Ya vuesa merced habrá visto -dijo el Alférez- dos perros que con dos linternas andan de noche con los hermanos de la Capacha, alumbrándoles cuando piden limosna.[...]

-Yo he oído decir -dijo Peralta- que todo es así; pero eso no me puede ni debe causar maravilla.

-Pues lo que ahora diré de ellos es razón que la cause, y que sin hacerse cruces, ni alegar imposibles ni dificultades, vuesa merced se acomode a creerlo [...], oí hablar allí junto, y estuve con atento oído escuchando, por ver si podía venir en conocimiento de los que hablaban y de lo que hablaban, y a poco rato vine a conocer, por lo que hablaban, los que hablaban, y eran los dos perros Cipión y Berganza.

***

V. O. nº 11, de pág. 19

-Pues hay en esto otra cosa -dijo el Alférez- : que, como yo estaba tan atento y tenía delicado el juicio, delicada, sutil y desocupada la memoria (merced a las muchas pasas y almendras que había comido), todo lo tomé de coro, y casi por las mismas palabras que había oído lo escribí otro día [...].

Y en diciendo esto, sacó del pecho un cartapacio y le puso en las manos del Licenciado, el cual le tomó riéndose y como haciendo burla de todo lo que había oído y de lo que pensaba leer.

V.O. *Selección de partes significativas en su versión original*

El coloquio de los perros

V. O. nº 1, de pág. 21

BERGANZA.- Cipión hermano, óigote hablar, y sé que te hablo, y no puedo creerlo, por parecerme que el hablar nosotros pasa de los términos de naturaleza.

CIPIÓN.- Así es la verdad, Berganza, y viene a ser mayor este milagro en que no solamente hablamos, sino en que hablamos con discurso [...].

***

V. O. nº 2, de pág. 22

CIPIÓN.- Sea ésta la manera, Berganza amigo: que esta noche me cuentes tu vida y los trances por donde has venido al punto en que ahora te hallas, y si mañana en la noche estuviéremos con habla, yo te contaré la mía; porque mejor será gastar el tiempo en contar las propias que en procurar saber las ajenas vidas.

BERGANZA.- Siempre, Cipión, te he tenido por discreto y por amigo, y ahora más que nunca, pues como amigo quieres decir tus sucesos y saber los míos, y como discreto has repartido el tiempo donde podamos manifestarlos. Pero advierte primero si nos oye alguno.

CIPIÓN.- Ninguno, a lo que creo, puesto que aquí cerca está un soldado tomando sudores; pero en esta sazón más estará para dormir que para ponerse a escuchar a nadie.

***

V. O. nº 3, de págs. 22-23

BERGANZA.- Paréceme que la primera vez que vi el sol fue en Sevilla, y en su Matadero, que está fuera de la puerta de la Carne; por donde imaginara (si no fuera por lo que después te diré) que mis padres debieron de ser alanos de aquellos que crían los ministros de aquella confusión, a quien llaman jiferos.[...] ¿Qué te diría, Cipión hermano, de lo que vi en aquel Matadero y de las cosas exorbitantes que en él pasan? Primero, has de presuponer que todos cuantos en él trabajan, desde el menor hasta el mayor, es gente ancha de conciencia, desalmada, sin temer al Rey ni a su justicia; los más, amancebados; son aves de rapiña carniceras; mantiénense ellos y sus amigas de lo que hurtan.

***

V. O. nº 4, de pág. 26

CIPIÓN.- Por haber oído decir que [dijo] un gran poeta de los antiguos que era difícil cosa el no escribir sátiras, consentiré que murmures un poco de luz y no de sangre; quiero decir que señales y no hieras ni des mate a ninguno en cosa señalada; que no es buena la murmuración, aunque haga reír a muchos, si mata a uno; y si puedes agradar sin ella, te tendré por muy discreto.

***

V. O. nº 5, de págs. 28-29

BERGANZA.- Digo, pues, que yo me hallaba bien con el oficio de guardar ganado, por parecerme que comía el pan de mi sudor y trabajo, y que la ociosidad, raíz y madre de todos los vicios, no tenía que ver conmigo, a causa que si los días holgaba, las noches no dormía, dándonos asaltos a menudo, y tocándonos a arma los lobos [...]. Cada semana nos tocaban a rebato, y en una oscurísima noche tuve yo vista para ver los lobos, de quien era imposible que el ganado se guardase. Agachéme detrás de una mata, pasaron los perros, mis compañeros, adelante, y desde allí oteé, y vi que dos pastores asieron de un carnero de los mejores del aprisco, y le mataron, de manera que verdaderamente pareció a la mañana que había sido su verdugo el lobo.

***

V. O. nº 6, de pág. 29

BERGANZA.- Paso adelante, y digo que determiné dejar aquel oficio, aunque parecía tan bueno, y escoger otro donde por hacerle bien, ya que no fuese remunerado, no fuese castigado. Volvíme a Sevilla, y entré a servir a un mercader muy rico.

***

V.O. Selección de partes significativas en su versión original

V. O. nº 7, de págs. 33-35

BERGANZA.- [...] Mira, Cipión, ten por cierto y averiguado, como yo lo tengo, que al desdichado las desdichas le buscan y le hallan, aunque se esconda en los últimos rincones de la tierra. Dígolo porque la negra de casa estaba enamorada de un negro, asimismo esclavo de casa, el cual negro dormía en el zaguán, que es entre la puerta de la calle y la de en medio, detrás de la cual yo estaba, y no se podían juntar sino de noche, y para esto habían hurtado o contrahecho las llaves; y así, las más de las noches bajaba la negra, y tapándome la boca con algún pedazo de carne o queso, abría al negro, con quien se daba buen tiempo, facilitándolo mi silencio, y a costa de muchas cosas que la negra hurtaba.

CIPIÓN.- [...] si no fuera por no hacer ahora una larga digresión, con mil ejemplos probara lo mucho que las dádivas pueden; mas quizá lo diré si el cielo me concede tiempo, lugar y habla para contarte mi vida.

BERGANZA.- Dios te dé lo que deseas, y escucha. Finalmente, mi buena intención rompió por las malas dádivas de la negra; a la cual, bajando una noche muy oscura a su acostumbrado pasatiempo, arremetí sin ladrar, porque no se alborotasen los de casa, y en un instante le hice pedazos toda la camisa y le arranqué un pedazo de muslo; [...]

Halléme un día suelto, y sin decir adiós a ninguno de casa, me puse en la calle, y a menos de cien pasos me deparó la suerte al alguacil que dije al principio de mi historia que era grande amigo de mi amo Nicolás el Romo; [...]

***

V. O. nº 8, de págs. 35-36

CIPIÓN.- Así va el mundo, y no hay para qué te pongas ahora a exagerar los vaivenes de fortuna, como si hubiera mucha diferencia de ser mozo de un jifero a serlo de un corchete. [...]

BERGANZA.- Tienes razón; y has de saber que este alguacil tenía amistad con un escribano, con quien se acompañaba; estaban los dos amancebados con dos mujercillas, no de poco más o menos, sino de menos en todo; verdad es que tenían algo de buenas caras; pero mucho de desenfado y de taimería putesca. Éstas les servían de red y de anzuelo para pescar en seco, en esta forma: vestíanse de suerte que por la pinta descubrían la figura, y a tiro de arcabuz mostraban ser damas de la vida libre; andaban siempre a caza de extranjeros [...]; y en cayendo el grasiento con alguna de

V.O. *Selección de partes significativas en su versión original*

estas limpias, avisaban al alguacil y al escribano adónde y a qué posada iban, y en estando juntos les daban asalto y los prendían por amancebados; pero nunca los llevaban a la cárcel, a causa de que los extranjeros siempre redimían la vejación con dineros.

***

V. O. nº 9, de pág. 42

BERGANZA.- Es, pues, el caso que el atambor, por tener con que mostrar más sus chocarrerías, comenzó a enseñarme a bailar al son del atambor, y a hacer otras monerías, tan ajenas de poder aprenderlas otro perro que no fuera yo como las oirás cuando te las diga [...].

***

V. O. nº 10, de pág. 43

BERGANZA.- [...] Alojaron a mi amo, porque él lo procuró, en un hospital; echó luego el ordinario bando, y como ya la fama se había adelantado a llevar las nuevas de las habilidades y gracias del perro sabio, en menos de una hora se llenó el patio de gente [...].

***

V. O. nº 11, de pág. 44

BERGANZA.- [...] Con todo esto, nos quedamos en el hospital aquella noche; y encontrándome la vieja en el corral solo, me dijo: «¿Eres tú, hijo Montiel? ¿Eres tú, por ventura, hijo?» Alcé la cabeza y miréla muy despacio; lo cual visto por ella, con lágrimas en los ojos se vino a mí, y me echó los brazos al cuello, y si la dejara me besara en la boca; pero tuve asco y no lo consentí.

CIPIÓN.- Bien hiciste; porque no es regalo, sino tormento, el besar ni dejar besarse de una vieja.

BERGANZA.- Esto que ahora te quiero contar te lo había de haber dicho al principio de mi cuento, y así excusáramos la admiración que nos causó el vernos con habla. Porque has de saber que la vieja me dijo: [...]

***

V.O. Selección de partes significativas en su versión original

V. O. nº 12, de págs. 45-46

BERGANZA.- [...] «Tu madre, hijo, se llamó la Montiela, que después de la Camacha fue famosa; yo me llamo la Cañizares, si ya no tan sabia como las dos, a lo menos, de tan buenos deseos como cualquiera de ellas. [...]

Llegóse el fin de la Camacha, y estando en la última hora de su vida llamó a tu madre y le dijo cómo ella había convertido a sus hijos en perros por cierto enojo que con ella tuvo; pero que no tuviese pena: que ellos volverían a su ser cuando menos lo pensasen; [...]

***

V. O. nº 13, de pág. 51

CIPIÓN.- Antes, Berganza, que pases adelante, es bien que reparemos en lo que te dijo la bruja, y averigüemos si puede ser verdad la grande mentira a quien das crédito. Mira, Berganza, grandísimo disparate sería creer que la Camacha mudase los hombres en bestias.

***

V. O. nº 14, de pág. 52

BERGANZA.- La que tuve con los gitanos fue considerar en aquel tiempo sus muchas malicias, sus embaimientos y embustes, los hurtos en que se ejercitan así gitanas como gitanos, desde el punto casi que salen de las mantillas y saben andar.

***

V. O. nº 15, de pág. 53

BERGANZA.- [...] y así, determiné soltarme, como lo hice, y saliéndome de Granada di en una huerta de un morisco, que me acogió de buena voluntad, [...]

***

V. O. nº 16, de pág. 54

BERGANZA.- Como mi amo era mezquino, como lo son todos los de su casta, sustentábame con pan de mijo y con algunas sobras de

V.O. *Selección de partes significativas en su versión original*

zahinas, común sustento suyo; pero esta miseria me ayudó a llevar el cielo por un modo tan extraño como el que ahora oirás. Cada mañana, juntamente con el alba, amanecía sentado al pie de un granado, de muchos que en la huerta había, un mancebo, al parecer estudiante, vestido de bayeta, no tan negra ni tan peluda que no pareciese parda y tundida.

***

V. O. nº 17, de págs. 55-56

BERGANZA.- [...]. En fin, por la mayor parte, grande es la miseria de los poetas; pero mayor era mi necesidad, pues me obligó a comer lo que él desechaba. En tanto que duró la composición de su comedia no dejó de venir a la huerta ni a mí me faltaron mendrugos, porque los repartía conmigo con mucha liberalidad [...]. Juntóse toda la compañía a oír la comedia de mi amo, que ya por tal le tenía, y a la mitad de la jornada primera, uno a uno y dos a dos se fueron saliendo todos, excepto el autor y yo, que servíamos de oyentes [...]. Y con esto se fue con mucho sosiego. Yo, de corrido, ni pude ni quise seguirle; y acertélo, a causa que el autor me hizo tantas caricias que me obligaron a que con él me quedase, y en menos de un mes salí grande entremesista y gran farsante de figuras mudas.

***

V. O. nº 18, de págs. 56-57

BERGANZA.- [...] Digo, pues, que viéndote una noche llevar la linterna con el buen cristiano Mahudes, te consideré contento y justa y santamente ocupado; y lleno de buena envidia quise seguir tus pasos, y con esta loable intención me puse delante de Mahudes, que luego me eligió para tu compañero y me trujo a este hospital. [...].

CIPIÓN.- [...] Concluye, que, a lo que creo, no debe de estar lejos el día.

BERGANZA.- Digo que en las cuatro camas que están al cabo de esta enfermería, en la una estaba un alquimista, en la otra un poeta, en la otra un matemático y en la otra uno de los que llaman arbitristas.

CIPIÓN.- Ya me acuerdo haber visto a esa buena gente.

***

V.O. Selección de partes significativas en su versión original

V. O. nº 19, de pág. 58

BERGANZA.- [...] Riéronse todos del arbitrio y del arbitrante, y él también se rió de sus disparates, y yo quedé admirado de haberlos oído y de ver que, por la mayor parte, los de semejantes humores venían a morir en los hospitales.

***

V. O. nº 20, de págs. 59-60

CIPIÓN.- [...] Y con esto pongamos fin a esta plática, que la luz que entra por estos resquicios muestra que es muy entrado el día, y esta noche que viene, si no nos ha dejado este grande beneficio del habla, será la mía, para contarte mi vida.

BERGANZA.- Sea así, y mira que acudas a este mismo puesto.

El acabar el *Coloquio* el Licenciado y el despertar el Alférez fue todo a un tiempo, y el Licenciado dijo:

-Aunque este coloquio sea fingido y nunca haya pasado, paréceme que está tan bien compuesto que puede el señor Alférez pasar adelante con el segundo.

Tareas • Tareas

Tu diccionario

Nivel III, hasta 1.500 entradas en la obra adaptada.

a veces
abierto, a
abrazar
abrir
acabar
acariciar
acción (la)
aceptar
acercar
acero (el)
acompañar
acordar; acuerdo (el)

actitud (la)
actor, actriz (el, la)

adecuado, a
adelante
además
adiós
admirar; admirado, a

agachar
agradecer; agradecido, a

agua (el)
ahora
ahorrar
al cabo
al fin y al cabo
al final
al lado de
al menos
alano, a
alargar
alboroto (el)
alegrar; alegría (la); alegre

alejar
alférez (el)
alfiler (el)
algo; alguien; algún; alguno, a

alguacil (el)
alimentar
alojar
alquimista (el)
alto, a
alumbrar

alumno, a (el, la)
alzar
allí
amanecer
amante (el, la)
amigo, a (el, la); amistad (la)

amo, a (el, la)
amor (el); amoroso, a

andar
animal (el)
animar
antes de
antiguo, a
anunciar
anzuelo (el)
año (el)
apalear
aparecer
apartar
aprender
apretar
aquí
arañar
arbitrista (el)
árbol (el)
aro (el)
arrastrar
arrepentir
arrugado, a
asco (el); asqueroso, a

asesino, a
así
asimismo
asno (el)
asomar
asombrar
aspecto (el)
asustar; asustado, a

atacar
atar
atención (la)
atrever; atrevido, a

aula (el)
aumentar
aún
autor, a (el, la)
avellana (la)

LECTURAS CLÁSICAS GRADUADAS

Tu diccionario

Nivel III, hasta 1.500 entradas en la obra adaptada.

aventura (la)
avisar
ayer
ayudar; ayuda (la); ayudante (el)

bailar
bajar
barbudo, a
barranco (el)
barriga (la)
barrio (el)
¡basta!
batalla (la)
baúl (el)
beber
belleza (la)
bendito, a
besar
bien
blanco, a
boca (la)
bolsa (la)
bonito, a
brazo (el)
breve
brindar
bromista
brujo, a (el, la)
buen; bueno, a
burlar; burla (la); burlón, a

buscar
caballo (el)
cabeza (la)
cachorro (el)
cadena (la)
caja (la)
callar
calle (la)
cama (la)
cambiar
camino (el)
camisa (la)
campamento (el)
campo (el)
candil (el)
cansar; cansado, a

cantar
cantidad (la)

capa (la)
capaz
capitán, -a (el, la)
cara (la)
cárcel (la)
caricia (la)
cariño (el)
carne (la)
carnero (el)
casa (la)
casar; casamiento (el); casado, a

casi
caso (el)
casta (la)
castigar; castigo (el); castigado, a

casualidad (la)
causar
cementerio (el)
cenar; cena (la)

cerca
cerrar; cerrado, a

cesta (la)
charlatán, -a
cielo (el)
cinta (la)
ciudad (la)
cobarde
cobrar
cocinar; cocina (la)

coger
cola (la)
colgar
collar (el)
coloquio (el)
color (el)
comedia (la); comediante (el)

comenzar
comer; comida (la)

comodidad (la); cómodo, a

compañero, a (el, la); compañía (la)

comprar

LECTURAS CLÁSICAS GRADUADAS 75

Tu diccionario
Nivel III, hasta 1.500 entradas en la obra adaptada.

comprobar
compuesto, a
con esto
condena (la)
confusión (la)
conocer
conseguir
consejo (el)
considerar
contar; cuento (el)

contento, a
continuar
convaleciente
conversar; conversación (la)

convertir
convite (el)
copa (la)
copiar
copla (la)
corral (el)
corregidor, -a (el, la)
correr
corresponder
Corte (la)
cosa (la)
costumbre (la)
crear
crecer
creer
criado, a (el, la)
cristiano, a
cruzar; cruce (el)

cualquier(a)
cubrir; cubierto, a

cuchillo (el)
cuello (el)
cuerda (la)
cuerpo (el)
cuervo (el)
cueva (la)
cuidar; cuidado (el)

culpar; culpa (la); culpable

cultura (la)
cumplir; cumplido, a

curar
curvo, a
dama (la)
daño (el)
dar
de acuerdo
debajo de
deber
decidir
decir
decisión (la)
dedicar
dejar
delante de
delgado, a
delito (el)
demasiado
demonio (el)
deprisa
derrotar
desagradecido, a
desatar
desayunar
descansar
desconocido, a
describir
descubrir
descuidado, a
desear; deseo (el)

desesperar
desgracia (la); desgraciado, a

desnudar; desnudo, a

desordenado, a
despedir
despeinado, a
despertar
despreciar; desprecio (el)

después; después de

detener
detrás de
deuda (la)
devolver
día (el)
diablo (el)
diente (el)
diferencia (la); diferente

LECTURAS CLÁSICAS GRADUADAS

Tu diccionario

Nivel III, hasta 1.500 entradas en la obra adaptada.

difícil ....
dinero (el) ....
Dios ....
dirigir ....
discípulo, a (el, la) ....
discreto, a ....
discutir ....
disfrutar ....
disparate (el) ....
disputa (la) ....
divertir; divertido, a ....
....
doler; dolor (el) ....
....
don; doña ....
....
dormir; dormido, a ....
....
dote (la) ....
ducado (el) ....
dudar ....
dueño, a (el, la) ....
durante ....
durar ....
duro, a ....
echar ....
edad (la) ....
educación (la); educado, a ....
....
efecto (el) ....
ejemplo (el) ....
elefante (el) ....
elegante ....
elegir ....
embarcar ....
emborrachar ....
empezar ....
empujar ....
en efecto ....
en esto ....
en general ....
en seguida ....
enamorar; enamorado, a ....
....
encerrar; encerrado, a ....
....
encima de ....
encontrar ....
endemoniado, a ....
enfadar; enfadado, a ....
....
....

enfermar; enfermedad (la); enfermería (la); enfermo, a ......
....
....
....
engañar; engaño (el); engañador, a; engañoso, a ....
....
....
enseñar ....
entender ....
enterar ....
entero, a ....
entonces ....
entrar ....
entremés (el) ....
entristecer ....
escapar ....
esclavo, a ....
escoger ....
esconder; escondido, a ....
....
escribano (el) ....
escribir ....
escuchar ....
escudo (el) ....
espada (la) ....
esperar ....
esponja (la) ....
esposo, a (el, la) ....
esqueleto (el) ....
estar ....
estómago (el) ....
estorbar ....
estrecho, a ....
estudiar; estudio (el); estudiante (el, la) ......
....
....
estupendamente ....
evitar ....
exagerar ....
excepto ....
éxito (el) ....
explicar; explicación (la) ....
....
extranjero, a ....
extraño, a ....
extraordinario, a ....
fábula (la) ....
facilidad (la); fácil ....
....
falso, a ....

LECTURAS CLÁSICAS GRADUADAS

Tu diccionario

Nivel III, hasta 1.500 entradas en la obra adaptada.

faltar
fama (la); famoso, a

favor (el)
fe (la)
felicitar
feliz; felicidad (la)

feo, a
fiar
fiesta (la)
figura (la)
fijar; fijamente

fin (el); final (el); finalmente

forma (la)
fortuna (la)
frente (la)
frío, a
frito, a
fuerte
gallo (el)
ganado (el)
ganar
gana (la)
garganta (la)
gastar; gasto (el)

gato, a (el, la)
generalmente
genio (el)
gente (la)
gitano, a (el, la)
gobernador, a
golpe (el)
gordo, a
gracia (la)
gracias
gramática (la)
gran(de)
grave
gritar; grito (el)

guapo, a
guardar
guiar
gustar
haber
habitación (la)
habitante (el)

hablar; habla (el)

hacer; hecho, a

hambre (el)
hechicero, a (el, la); hechizo (el)

heredar
herir; herido, a; herida (la)

hermano, a (el, la)
hermoso, a
hierba (la)
hijo, a (el, la)
hinchar
hipócrita
historia (la)
hombre (el)
honrado, a
hora (la)
hospital (el); hospitalero, a

hoy
huerta (la)
hueso (el)
huésped, a (el, la)
humildad (la); humilde

hundido, a
idea (la)
iglesia (la)
ignorante
igual; igualmente

iluminación (la); iluminado, a

imaginar; imaginación (la)

impedir
importante
imposible
incluso
increíble
infinito, a
ingenio (el)
instante (el)
instinto (el)
instrumento (el)
insultar
inteligente

Tu diccionario
Nivel III, hasta 1.500 entradas en la obra adaptada.

intentar; intención (la) ....
interior (el) ....
inútil ....
inventar ....
ir ....
jamás ....
jamón (el) ....
jarra (la) ....
jifero (el) ....
joven ....
joya (la) ....
jugar ....
juntar; junto, a; junto a ....
jurar ....
justicia (la) ....
labio (el) ....
labrador, a (el, la) ....
lado (el) ....
ladrar ....
ladrón, -a (el, la) ....
lágrima (la) ....
lanzar ....
largo, a ....
lección (la) ....
leche (la) ....
lechuza (la) ....
leer ....
legua (la) ....
lejos ....
lengua (la); lenguaje (el) ....
levantar ....
libertad (la) ....
libre ....
libro (el) ....
licenciado, a (el, la) ....
limosna (la) ....
limpiar; limpio, a ....
linterna (la) ....
litro (el) ....
llamar; llamado, a ....
llave (la) ....
llegar; llegada (la) ....
lleno, a ....
llevar ....

lobo, a (el, la) ....
luego ....
lugar (el) ....
lujo (el) ....
madre (la) ....
madrugada (la) ....
maestro, a (el, la) ....
magnífico, a ....
maldad (la); malo, a; mal ....
mandar ....
manera (la) ....
mano (la) ....
mantear; manto (el) ....
manteca (la) ....
mañana ....
maravedí (el) ....
maravilloso, a ....
marchar ....
marido (el) ....
marinero (el) ....
marrón ....
más ....
matar; matadero (el) ....
matemático (el) ....
matrimonio (el) ....
mayoría (la); mayor ....
medio, a ....
mejilla (la) ....
mejor ....
memoria (la) ....
menos ....
mente (la) ....
mentir; mentira (la); mentiroso, a ....
mercader (el); mercado (el) ....
mes (el) ....
mesa (la) ....
metal (el) ....
meter ....
mezquino, a ....
miedo (el) ....
mientras tanto ....
milagro (el) ....
mirar ....
misa (la) ....

LECTURAS CLÁSICAS GRADUADAS

Tu diccionario
Nivel III, hasta 1.500 entradas en la obra adaptada.

mismo, a
misterio (el)
mitad (la)
modo (el)
molesto, a
momento (el)
monasterio (el)
moneda (la)
mono, a (el, la)
monte (el)
morder; mordido, a

morir; muerte (la); muerto, a (el, la);

morisco, a
mostrar; muestra (la)

motivo (el)
mover
mozo, a (el, la)
mucho
mudo, a
mujer (la)
mundo (el)
murmurar; murmuración (la); murmurador,a

musical
muy
nacer
nada; nadie

nariz (la)
natural
necesario, a
necesitar
negar
negocio (el)
negro, a
ni siquiera
ningún; ninguno

niño (el)
no
noche (la)
nombre (el)
normal
noticia (la)
nuevo, a
nuez (la)
nunca

obedecer
obligado, a
observar
ocupar
ocurrir
ofender; ofendido, a

oficio (el)
ofrecer
oír; oído, a; oído (el)

ojalá
ojo (el)
olor (el)
olvidar
olla (la)
opinión (la)
ordenar; orden (el, la)

oreja (la)
orilla (la)
oro (el)
oscuro, a
otro, a
oveja (la)
paciencia (la)
padre (el)
pagar
palabra (la)
palo (el)
pan (el)
pantalón (el)
parar
parecer
pared (la)
pariente (el)
parte (la)
pasa (la)
pasar; pasado (el)

pasear
paso (el)
pastor, a (el, la)
pata (la)
patio (el)
paz (la)
pecado (el); pecador, a

pecho (el)
pedazo (el)
pedir

LECTURAS CLÁSICAS GRADUADAS

Tu diccionario

Nivel III, hasta 1.500 entradas en la obra adaptada.

pegar
pelear; pelea (la)

peligro (el)
pelo (el)
pena (la)
penitencia (la)
pensar; pensamiento (el); pensativo, a

peor
pequeño, a
pera (la)
perder
perdonar; perdón (el)

perezoso, a
perro, a (el, la)
perseguir
persona (la)
pesar
pescar
pestaña (la)
pie (el)
piel (la)
pierna (la)
pinchar
placer (el)
planchar
plata (la)
plaza (la)
pluma (la)
pobreza (la); pobre

poder; poderoso, a

poeta (el, la)
policía (el)
poner; puesto, a

posada (la)
posible
postizo, a
preguntar
preocupar
presente
prestar
presumir
primero
primo, a (el, la)
príncipe, princesa (el, la)

principio (el)
prisa (la)
probar; prueba (la)

problema (el)
profundamente
prometer
pronto
propio, a
proteger; protegido, a

público (el)
pueblo (el)
puerta (la)
punta (la)
puta (la)
quedar
quejarse; queja (la)

querer
queso (el)
quieto, a
quitar
quizá(s)
rabia (la)
rabo (el)
ración (la)
rama (la)
rapidez (la)
rascarse
raso (el)
rato (el)
razón (la); razonamiento (el)

real (el)
real
rebaño (el)
reconocer
recordar
reducir
regalo (el)
reír; risa (la)

relación (la)
religioso, a
relucir
reñir; riña (la)

repasar
replicar
res (la)
respetar

LECTURAS CLÁSICAS GRADUADAS

Tu diccionario

Nivel III, hasta 1.500 entradas en la obra adaptada.

respirar
responder
resto (el)
retablo (el)
retirar
rey, reina (el, la)

rincón (el)
riqueza (la); rico, a; ricamente

robar; robo (el); robado, a

rodear; rodeado, a

rogar; ruego (el)

rojo, a
romper
ropa (la)
roto, a
ruido (el)
saber; sabio, a
sacar
sal (la)
salir; salido, a

saltar; salto (el)

salud (la)
sangre (la)
sano, a
santiguarse
santo, a
seco, a
seguir
selva (la)
semana (la)
sentar; sentado, a

sentir; sentido (el)

señalar
señor, -a (el, la)
sepultura (la)
ser
servir
siempre
siesta (la)
silencio (el)

silla (la)
sitio (el)
soberbio, a
sobras (las)
sobre todo
sobrenatural
soldado (el)
soledad; solo,a; solamente; sólo

soltar
solucionar; solución (la)

sombra (la)
sombrero (el)
sonido (el)
sopa (la)
sorprender; sorprendido, a

sortija (la)
suave
subir
suceder; suceso (el)

sucio, a
suelo (el)
suelto, a
sueño (el)
suerte (la)
suficiente
sufrimiento (el)
tal vez
también
tambor (el)
tan; tanto

tapar; tapado, a

tarde (la); tarde

teatro (el)
tener
teniente (el)
terminar
testigo (el, la)
teta (la)
tiempo (el)
tierra (la)
tirar
titiritero, a (el, la)
título (el)

LECTURAS CLÁSICAS GRADUADAS

Tu diccionario

Nivel III, hasta 1.500 entradas en la obra adaptada.

tocar ....
tocino (el) ....
todo, a ....
todavía ....
tono (el) ....
tontería; tonto, a ....

toro (el) ....
trabajar; trabajo (el) ....

traer ....
traicionar ....
traje (el) ....
tranquilizar; tranquilo, a; tranquilamente ....

trasladar ....
tratar ....
triste ....
trozo (el) ....
último, a ....
untar; untura (la); untado, a ....

uña (la) ....
usar; uso (el) ....

utilizar; útil ....

vaca (la) ....
vaina (la) ....
valentía (la); valiente ....

valer ....
valle (el) ....

valor (el) ....
varón (el) ....
vejiga (la) ....
velo (el) ....
vencedor, a ....
vender; venta (la) ....

venir ....
ventana (la) ....
ver; visto, a ....

verano (el) ....
verdad (la); verdadero, a; verdaderamente ....

verde ....
verso (el) ....
vestir; vestido, a; vestido (el) ....

vez ....
viaje (el) ....
viejo, a ....
vigilar ....
visitar ....
vivir; vida (la) ....

volver; vuelta (la) ....

voz (la) ....
vulgar ....
ya ....
zaguán (el) ....
zapato (el) ....

LECTURAS CLÁSICAS GRADUADAS

Guía de comprensión lectora.

1 ¿Por qué había estado el alférez Campuzano en el hospital? ....

2 ¿Por qué piensa Campuzano que casarse con doña Estefanía podía ser un gran negocio? ....

3 ¿Quién es doña Clementa Bueso y por qué entra en la casa con tanto alboroto? ....

4 ¿Por qué quería Campuzano castigar a su mujer? ....

5 ¿Por qué no está triste el protagonista cuando doña Estefanía le roba sus joyas? ....

6 ¿A quién vio el alférez en el hospital? ....

7 ¿Dónde nació Berganza y quién fue su primer amo? ....

8 ¿Por qué Cipión llama murmurador a su compañero? ....

9 ¿Qué descubrió Berganza la noche que se quedó junto al rebaño de ovejas? ....

10 ¿Cómo quiso matar la negra a Berganza? ....

11 ¿Qué nombre le puso el tambor a su perro? ¿Por qué? ....

12 ¿Quién era la Montiela? ....

13 ¿Para qué sirven las unturas de las brujas? ....

14 ¿Por qué los actores quisieron mantear al poeta? ....

15 ¿Con quién estaba y a qué se dedicaba Cipión cuando Berganza lo encontró? ....

16 ¿Qué opina el licenciado Peralta del Coloquio de los perros? ....

Escribe tu ficha RESUMEN

Miguel de Cervantes
El casamiento engañoso y El coloquio de los perros

	Pág.
Presentación de la colección	3
Vida y obra de Miguel de Cervantes	4
Obra adaptada	7
Selección en V.O.	61
Tu diccionario	74
Guía de comprensión lectora	84
Escribe tu ficha Resumen	85